本书为国家重点研发计划课题"长江流域文明进程研究"（课题编号2020YFC1521603）和"中华文明起源进程中的生业、资源与技术研究"（课题编号2020YFC1521606），以及国家文物局"考古中国"重大项目"长江下游区域文明模式研究"的阶段性成果。

梁思永，同样在哈佛大学获得博士学位，以经典西方考古地层学方法，识别"后岗三叠层"，厘清仰韶文化、龙山文化和殷商文化的年代关系。吴金鼎，学成于伦敦大学，以经典西方类型学，全面分析中国史前陶器。中国现代考古学奠基人之一夏鼐，在伦敦大学学院师从著名埃及学家 S. 格兰维尔（S. Glanville）、探方发掘法的首创者 M. 惠勒（M. Wheeler）和古埃及文字学泰斗 A. H. 伽丁内尔（A. H. Gardiner），利用当时最新的考古资料，完成博士论文《埃及古珠考》（Ancient Egyptian Beads），开启了之后贯通中西、气象恢宏的研究旅程。

可见，中国考古学在其早期阶段，无论是视野还是方法，都已颇具国际风范。

1949 年后，考古田野工作全面铺开，新发现目不暇接，建立考古学文化的时空框架成为最紧迫的任务。但中国考古学家们并未埋首于瓶瓶罐罐，"见物不见人"。一方面，实证中华文明起源和发展之路的初心未变。主流认识是：中国史前文化多元发展，在黄河中下游或"中原地区"文化引领下，凝聚为一体，向文明迈进。史前之中国，已初具后世"大一统"中央王朝的模样。另一方面，马克思主义经典理论主导地位确立。中华文明之演进，被放在世界范围的人类社会进化背景下，成为验证普遍进化框架的新证据。1963 年出版的《西安半坡——原始氏族公社聚落遗址》发掘报告对仰韶文化早期的半坡聚落进行了精细的描述和分析，提出："从物质文化遗存的特点来观察，半坡氏族部落是处在发达的新石器时代阶段，即恩格斯所论述的野蛮时代的中级阶段。从社会发展阶段来说，相当于母系氏族公社的繁荣时期。"1974 年出版的《大汶口：新石器时代墓葬发掘报告》则引起了关于父系社会的热议。在这样的讨论中，世界各地的民族学资料尤其受到关注，扩大了中国考古学的世界视野。

这两个研究主旋律同时奏响，各有动人之处，但似乎并未合奏出描述中华文明起源的壮丽交响乐。以历史时期的"大一统"格局解读史前文化演变、对经典理论"对号入座"式的僵化应用，反倒陷入苏秉琦所称的两个"怪圈"。

20 世纪 80 年代，中国考古学和国家同步，进入发展的黄金时代。

世界古文明译丛
Ancient Civilizations of the World

The Resurrection of Sceptre

Chronicle of the Pharaohs and Queens

复活的权杖

古埃及早期的国王与王后

[英]乔伊斯·泰德斯利   [英]皮特·A.克莱顿   著

陈明辉   等译

ZHEJIANG UNIVERSITY PRESS
浙江大学出版社
·杭州·

图书在版编目（CIP）数据

复活的权杖：古埃及早期的国王与王后/（英）乔伊斯·泰德斯利,（英）皮特·A.克莱顿著;陈明辉等译.--杭州:浙江大学出版社,2022.8
（世界古文明译丛/方向明,陈明辉主编）
书名原文:Chronicle of the Pharaohs;Chronicle of the Queens of Egypt
ISBN 978-7-308-22258-7

Ⅰ.①复… Ⅱ.①乔… ②皮… ③陈… Ⅲ.①文化史－研究－埃及－古代 Ⅳ.①K411.203

中国版本图书馆CIP数据核字(2022)第006474号

Published by arrangement with Thames & Hudson Ltd, London.
Text excerpts taken from the following titles:
CHRONICLE OF THE PHARAOHS © 1994, 2000 Thames & Hudson Ltd, London
Text © 1994, 2000 Peter A. Clayton

CHRONICLE OF THE KINGS AND QUEENS OF EGYPT © 2000 and 2008 Thames & Hudson Ltd, London
This edition first published in China in 2022 Zhejiang University Press Co., Ltd, Hangzhou
Chinese Edition © 2022 Zhejiang University Press Co., Ltd Hangzhou
All rights reserved

浙江省版权局著作权合同登记图字：11—2022—096

复活的权杖：古埃及早期的国王与王后
FUHUO DE QUANZHANG : GU AIJI ZAOQI DE GUOWANG YU WANGHOU

［英］乔伊斯·泰德斯利 ［英］皮特·A.克莱顿 著 陈明辉 等译

丛书策划 陈丽霞 丁佳雯
责任编辑 赵 静
责任校对 胡 畔
责任印制 范洪法
封面设计 程 晨
出版发行 浙江大学出版社
（杭州市天目山路148号 邮政编码 310007）
（网址：http://www.zjupress.com）
排 版 杭州林智广告有限公司
印 刷 浙江海虹彩色印务有限公司
开 本 710mm×1000mm 1/16
印 张 8
字 数 130千
版 印 次 2022年8月第1版 2022年8月第1次印刷
书 号 ISBN 978-7-308-22258-7
定 价 60.00元

版权所有 翻印必究 印装差错 负责调换
浙江大学出版社市场营销中心联系方式：0571-88925591；http://zjdxcbs.tmall.com

总 序

大九州：中国考古学的世界性

中国考古学，其研究主题，自然是中华文明的起源和发展。中华文明□□体，绵延5000多年，依然年少，朝气蓬勃，特质鲜明。要讲好中华文明的□□考古学自然需要"中国特色、中国风格和中国气派"。但我们越是心系中国□□胸怀世界。战国人邹衍已经认识到，"儒者所谓中国者，于天下乃八十一□□耳。中国名曰赤县神州，……中国外如赤县神州者九，乃所谓九州也"。构□□的考古学，需要"最世界性"的胸怀，放眼此"大九州"。

百年之前，1921年，以仰韶遗址的发掘为标志，中国考古学诞生。其□□就看到了中国之外的世界。仰韶遗址的发掘者安特生，是为中国政府和科□□的瑞典学者。他发掘的起因，是仰韶遗址彩陶的"世界性"，即与土库曼斯□□址、黑海西岸的特里波利遗址的彩陶颇为相似。发掘确立了中国第一个史前□□仰韶文化，中华文明起源的科学探索迈出关键一步；但同时高声发出"世□□问：中国远古之文化，是否跨越辽阔的欧亚草原，自西而来？

应声而起的第一代中国考古学家，同样有开阔的世界视野。在哈佛大学□□学并获得博士学位的李济，"想把中国人的脑袋量清楚，来与世界人类的脑□□下，寻出他所属的人种在天演路上的阶级出来"，要是有机会，他还想去中□□青海、西藏，印度以及波斯去"刨坟掘墓、断碑寻古迹，找些人家不要的古董□□中国人的原始出来"。

　　一系列重要的考古发现，如重重变奏，将重建中国古史的主旋律推向高潮。辽宁建平牛河梁，红山文化仪式圣地，高坛石冢，唯玉为葬。浙江余杭良渚，强大古国的都邑，琮璜璧钺，玉礼通神。距今 6000 年至 5000 年，中国史前时代灿烂的转折期，各地竞相展开构建复杂社会的开创性实践，文明火花迸发，绚丽如满天星斗。"中原"之外，"边缘"地区的发展，尤其引人注目，"中原"引领模式被严厉质疑。

　　1981 年，苏秉琦正式提出"区系类型"模式，将中国史前文化分为六大区系，指出：各大区系不仅各有渊源、各具特点和各有自己的发展道路，而且区系间的关系也是相互影响的。中原地区是六大区系之一，中原影响各地，各地也影响中原。这同以往在中华"大一统"观念指导下形成的黄河流域是中华民族的摇篮，中国民族文化先从这里发展起来，然后向四周扩展，其他地区的文化比较落后，只是在中原地区影响下才得以发展的观点有所不同，从而对于历史考古界根深蒂固的中原中心、汉族中心、王朝中心的传统观念提出了挑战。

　　1985 年，严文明也指出：一定要花大力气加强黄河流域以外广大地区的新石器时代考古研究工作，只有这样才能最后破除中原中心论或黄河流域中心论，正确阐明我国新石器时代文化发展的真实情况和各地新石器文化在孕育我国古代文明中的作用。他随后提出的"重瓣花朵"模式，虽然仍强调"最著名"的中原地区的特殊地位，但认为中原只是因其地利，易于受到周围文化的激荡和影响，能够从各方面吸收有利于本身发展的先进因素，因而有条件最早进入文明社会。

　　1986 年，在哈佛大学任教的张光直，为重建中国古史这样"最中国"的学术探索，引入了世界的视野。他借用美国学者葛德伟（Joseph R. Caldwell）讨论美国东部印第安人文化时使用的"相互作用圈"（Sphere of Interaction）概念，提出"中国相互作用圈"的概念，即中国各文化区通过无中心的网络式互动，形成的文化共同体，并热忱地称之为"最初的中国"。

　　上述精彩展示出的、中国史前社会超出预期的发展高度，也将从"世界性"人类社会普遍进化的角度认识中华文明的主旋律推向高潮，并将其研究焦点由母系或父系社会转为关于中华文明起源的热烈讨论。1991 年，中国社会科学院考古研究所组织中国文明起源研讨会，在"文明"的定义上，与会者普遍接受《家庭、私有制和国家的起源》中"国家是文明社会的概括"的说法。关于"国家"的标准，有学者坚持柴尔德提出的"世界性"标准，即城市、金属和文字"三要素"说。准此，则中国在殷墟时期才出现国家，形成文明。但更多学者在世界文明起源的视角下，指出三要素并非放之四海而皆准的文明标志，只要有足够的反映国家"实质"的考古证据，就可以认定国家的出现、文明的起源。对于中华文明而言，这些证据可以是玉器和丝绸等高级手工业品，都邑性聚落以及表现王权、军权和宗教权力形成的各类遗存。

两大主旋律终于发出共鸣，合奏起以中华文明起源为主题的交响乐章。

张光直在提出"中国相互作用圈"的同时，其实也对中国考古学的"世界性"进行了更深入的思考。1984 年 8 月，他访问北京大学考古系，连续作九次演讲。这成为推动中国考古学国际化的标志性学术活动。1986 年，演讲内容以《考古学专题六讲》之名出版。第一讲为"中国古代史在世界史上的重要性"，第二讲为"从世界古代史常用模式看中国古代文明的形成"。也是在 1986 年，他在香港《九州学刊》上发表了《连续与破裂：一个文明起源新说的草稿》。

他提出：一个着眼在世界性上的考古学者，在研探中华文明起源时，至少可以从三个不同的方面进行。第一个方面，是中国古代文明在世界历史上有多大的重要性？它是土生土长的，还是外面传入的？它吸收了外面多少影响，以及对外产生了多大的影响？第二个方面，应该是探讨世界史关于文化、社会变迁模式与中国丰富的历史材料之间的关系。换言之，就是用世界史解释重大历史变迁的模式来考察中国史前史和古代历史的变化过程。第三个方面，就是用从中国古代史和从中国古代史发展本身看到的法则，来丰富一般社会科学的理论。这方面是以往中外学术界较为忽略的，而从这方面进行研究，又是中国古代史和考古学家们的重大责任。这实在是对中国考古学应具有的"世界性"的精当阐述。

在第一个方面中，中国文明是土生土长还是西来，在中国考古学诞生之初就是焦点，第一代中国考古学家已经确立了中华文明的本土起源。马克思主义经典社会进化理论的应用，关注的正是第二个方面的问题。对于第三个方面，因国内学者普遍专注于中华文明本身的研究，确实是"较为忽略的"。

哈佛大学汇集了研究世界文明的优秀学者，自然会激发张光直的世界性思考。他的办公室对面，就是中美地区古代文明研究大家戈登·威利（Gordon Willey）的办公室，楼下的皮博迪博物馆（Peabody Museum）里面，陈列着哈佛大学自19世纪末开始在玛雅名城科潘遗址获得的珍贵文物，这又让他对中美地区古代文明有更深入的了解。因此，他得以对被忽略的第三个方面进行开创性探索。

通过对中国、玛雅和苏美尔文明的比较研究，他对中国古代文明的主要特征做出如下扼要阐述：经过巫术进行天地人神的沟通是中国古代文明的重要特征；沟通手段的独占是中国古代阶级社会的一个主要现象；促成阶级社会中沟通手段独占的是政治因素，即人与人关系的变化；中国古代由野蛮时代进入文明时代过程中主要的变化是人与人之间关系的变化，而人与自然的关系的变化，即技术上的变化，则是次要的；从史前到文明的过渡中，中国社会的主要成分有多方面的、重要的连续性。中美地区文明和中国文明实际上是同一祖先的后代在不同时代、不同地点的产物，走过了同样的"连续性"发展道路，其他非西方文明也大致如此。以两河流域的苏美尔文明为源头的西方文明，则主要以技术手段突破自然的束缚，开辟了"破裂性"的文明形成和发展道路。因此，中国的形态很可能是全世界向文明转进的主要形态，而西方的形态实在是个例外，因此社会科学里面自西方经验而来的一般法则不能有普遍的应用性。

这样的探索，似乎并未引起国内考古学界的热烈呼应，奏响中华文明研究的第三个主旋律。万里之外，热带丛林中的玛雅过于遥远；刷新认知的新发现，亟待认真梳理解析。与世界考古学的接触刚刚恢复，中国考古学界更加期待的，是新的理论和方法。《考古学专题六讲》中的"谈聚落形态考古"，产生了更迅速的影响。在俞伟超的激励下，当年最富激情的青年考古学家们，翻译西方考古学的经典论文，结集为《当代国外考古学理论与方法》，在1991年出版。其中收录的张光直的文章为《聚落》。由此引发的学术实践，也是西方理论与方法的应用。这包括一系列国际合作的聚落考古项目的开展，也包括对"酋邦"等概念的热烈讨论。

或许，要在对自己的文明发展有更透彻的领悟之后，才能激发"世界性"思考。

2000 年至今的 20 余年中，在多学科结合的重大项目推动下，重要考古新发现频出，现代科技手段与史前考古发掘和研究的结合日益紧密。中华文明探源工程深入开展，我们的文明起源和早期发展的壮阔历程逐渐清晰。

万年之前，中国即开启了南稻北粟的农作物驯化进程，距今 8500 年至 6000 年之间，随着农业经济形态的逐步确立和发展，各地普遍发生"裂变"，基于本地自然环境和文化传统完成了社会复杂化的初步发展。自距今约 6000 年开始，中国史前时代进入灿烂的转折期，各地区社会复杂化加剧，苏秉琦定义的"高于氏族部落的、稳定的、独立的政治实体"——"古国"纷纷涌现；同时，区域互动更加密切，形成"社会上层远距离交流网"，催生了"中国相互作用圈"，即"最初的中国"。从这个意义上说，中国是统一的多民族国家的根源可以追溯到距今 5000 多年的史前时代，"中华文明五千年"并非虚言。

遍布"最初的中国"的"古国"社会如"满天星斗"熠熠生辉，各类型政治构想被广泛实践，并在各地区的"撞击"中不断迸发新的火花，造就出更具雄心的领导者。距今 5300 年前后，中华文明的形成进入"熔合"阶段，长江下游的良渚文化成为"熔合"式发展的第一个典型，在更宏大的政治理想的促动下，有目的地借鉴各地区"古国"的兴衰经验和"领导策略"，首次完成了构建早期国家的政治实践，成为中华文明五千年的重要标志。

距今 4300 年前后，良渚文化解体，如一石入水，激起千重波浪。山东、河南和江汉地区的龙山时期社会吸收良渚社会成败的经验教训，获得普遍发展，出现大量城址，形成与古史记载契合的"万邦林立"的政治景观。在文献中帝尧活动的核心地带晋南地区，陶寺文化采取更广泛的"熔合"策略，完成又一次早期国家的构建。距今 3800 年前后，环嵩山地区龙山社会与"最初的中国"的各地区激荡碰撞、"熔合"互鉴，形成与夏王朝对应的二里头文化，完成了具有划时代意义的、中国历史上第一个王朝的构建，在与《禹贡》中九州大体相当的地理范围内，施展政治、经济和军事手段，获取资源、推广礼仪，确立强大的核心文化地位。

我们已经明确，中华文明是在三级阶梯式的中国山川形成的摇篮中，在东亚季风的吹拂下，独立孕育出来的。我们的文明在形成过程中吸收了大量外来因素，尤其是距今 4000 年前后，小麦、羊、牛和金属冶炼技术自欧亚大陆草原地带传播而来，成为龙山时代社会发展和早期王朝建立的催化剂。但是，"最初的中国"内部各地区的创造性社会发展实践和互动发展，是中华文明形成的根本原因。我们知道，中华文明的形成，对整个东亚地区的社会发展产生了深远影响，甚至引发南岛语族人群向太平洋深处的航行。

我们已经尝试，建立自己的概念体系。用"古国"这样的概念建立史前复杂社会和三代实际基本政治组织"国"或"邦"的联系。用恰当的文明形成标准认定我们独特的文明起源和发展历程。

我们已经认识到，两河流域、古埃及、印度河流域和中美地区等世界其他地方的原生文明的形成空间均不过数十万平方千米，唯有中华文明的形成如此气势恢宏，在覆盖长江、黄河及辽河流域的面积近 300 万平方千米的"最初的中国"的范围内，以"多元一体"的形式展开。正是因为在如此广大的空间中经历了各地区文化的"裂变""撞击"和"熔合"，中华文明才孕育出"协和万邦"的文明基因，产生了完成各地区一体化的宏大政治构想，周人才能在距今 3000 多年前就以分封制完成了"普天之下莫非王土"的政治抱负，将"理想的中国"落实为"现实的中国"，创建了人类文明史上第一个多民族统一的政体，此后不断发展壮大，绵延至今。放眼世界，在疆域和理念上略可与之匹敌的古波斯帝国的形成是 600 年以后的事了，而且转瞬即逝。

重建中国古史初见成果。人类社会普遍进化视角下的中华文明起源历程研究，也初步建立了自己的话语体系。张光直提出的中国考古学"世界性"的三个方面中，前两个方面涉及的问题已经有了基本答案。我们终于可以开始认真思考，如何用从中国古代史和从中国古代史发展本身看到的法则，来丰富一般社会科学的理论，而且强烈感受到：要推进这第三方面的研究、深化前两个方面的认识，一定要走出"赤县神州"，不仅要"把中国人的脑袋量清楚"，更要把"上穷碧落下黄泉，动手动脚找东西"的范围扩展到大九州，去其他文明的核心地区，从最基础的考古发掘开始，把其他文明的发展脉络看清楚。

正是在此背景下，中国考古学家对世界古代文明的考古发掘和研究正在蓬勃展开，他们的身影出现在古埃及的卡尔纳克神庙、玛雅名城科潘、印度河上游和伊朗腹地，也出现在"中国文化西来说"中彩陶文化的发源地、黑海西岸的特里波利－库库泰尼文化区。

我有幸主持的科潘城邦贵族居址发掘项目自 2015 年开展以来，获得大量珍贵文物，且第一次从贵族家庭演变的角度，验证了从王宫区考古资料获得的、关于科潘王国兴衰的认识。我也在对中美地区古代文明的研习中，收获良多。中美地区的图像学研究，启发了我对中国史前图像的探索性解读；中美地区早期城市神圣空间构建对理解中国史前都邑极具参考价值。

在科潘项目进行的过程中，我们与浙江省文物考古研究所开展了深度合作。我佩服的资深学者、朝气蓬勃的青年后起之秀，不断来科潘参加发掘、开展研讨。他们以开拓性的田野发掘和研究，不断刷新我们对中国史前文化发展和中华文明起源的认知。2019 年，良渚古城遗址被列入世界文化遗产名录，成为得到世界认可的中华文明五千年的实证。这是可以凿破"大一统"式古史记载的鸿蒙混沌的有力一击，让我们初窥自己文明创生之初，各地区竞相发展、碰撞"熔合"之壮丽景象。对中华文明起源的"大一统"认知根深蒂固，"中原模式"引领的呼声仍高，第一个"怪圈"的破除还需时日。但浙江的考古学家，已经放眼世界。在科潘王宫区的仪式大广场上，面对科潘第 13 王瓦沙克·吐恩·乌巴·卡威尔一尊尊渲染自己在萨满状态下通神入幻的石雕像，遥望远处记录科潘光荣历史的象形文字台阶金字塔，我们共同被玛雅与良渚的相似性震撼，体味张光直提出的"玛雅－中国连续体"和中华文明早期的萨满式思维。我们也共同深思，两大文明，何以有相似的开始，却有不同的发展道路和结局。

大家的另一个共识是，比起 19 世纪已经开始在中美地区热带丛林中探索的西方学者，我们对玛雅文明的研究才刚刚起步。其实，在对世界各地区古代文明的考古发掘和研究中，我们都是后来者。学习和借鉴，自然是初学者必不可少的功课，而翻译经典著作，是最有效的学习方式之一。幸运的是，考古学家的心愿与浙江省文物主管部门具有远见的规划不谋而合。浙江省文物考古研究所很快就开始了"世界古文明译丛"的翻译计划。与其他主题类似的译丛不同的是，这个译丛的书目由考古学家选定，更能突出考古学特有的、以物质遗存对文明内涵的展现，以及对超长时段文明兴衰历程的描述。

尤为可喜的是，译者多是年轻学者。他们中不少人参加过科潘的工作，是同龄人中的佼佼者，是浙江省文物考古研究所的骄傲。张光直在《要是有个青年考古工作者来问道》中，饱含深情地说："有大才、有大志的年轻人，很少有学考古学的。我有时白日做梦，梦见天资好，人又天真又用功的中国青年，志愿以考古为终生事业，来问我这个老年考古学家对他（她）有何指示，这虽然只是梦境，我还是将答案准备好，以防万一。"张先生的答案有四条，其中最后一条是"今天念中国的考古不是念念中国的材料便行了。每个考古学者都至少要对世界史前史和上古史有基本的了解，而且对中国以外至少某一个地区有真正深入的了解。比较的知识，不但是获取和掌握世界史一般原则所必须有的，而且是要真正了解中国自己所必须有的"。

看到他们信达的译文，我想，张先生若是有知，应该可以感到欣慰。他们和我一样，未必有大才，未必天资好，但愿意尽力，心怀大志，放眼大九州，也愿意保持无邪的学术之心，一起用功，以世界文明的视角，认知中华文明的特质和地位，以中华文明的视角，观察世界文明之发展，丰富一般社会科学的理论。

中国社会科学院考古研究所　李新伟

目　录　CONTENTS

国王篇

王后篇

王国

著者：彼得·A.克莱顿（Peter A.Clayton）

译者：李晓东、颜海英、袁指挥、郭丹彤、李模、王欢、熊瑛

原书名 Chronicle of the Pharaohs，Thames & Hudson，1994

第 1 章　尼罗河的神王

　　古埃及文明是古代世界最伟大的文明之一，也是最长寿的文明之一，延续时间长达 3000 多年。在人们的脑海中，最直接的印象是吉萨的金字塔和狮身人面像、巨大的神庙，以及保存在干旱沙漠中的精美文物。但那些创造这些辉煌的人呢？

　　古埃及法老是神王（god-kings），死后自然而然就成了神。他们手中确实掌握着决定生死的力量，王权的标志曲杖（crook）和连枷（flail）即是这一点的表现。他们对资源的掌控甚至许多现代国家都难以做到。我们只需用一些统计数字就能说明这一点。例如，吉萨的胡夫大金字塔最初有约 481 英尺（约 146 米）高，占地约 13.1 英亩（约 5.3 万平方米），直到 19 世纪都是世界上最高的建筑，但它建于公元前第三千纪中期，我们至今仍然不知道它是如何建造的。它的基础占地面积非常大，超过了意大利的佛罗伦萨、米兰大教堂，英国的圣保罗、威斯敏斯特大教堂和焚帝冈的圣彼得大教堂。

　　令人难以置信的是，大量的贵金属制品和珠宝奇迹般地逃过了盗墓者的劫掠。图坦卡蒙的纯金内棺是一件无价的艺术品，即使以金子重量计算，它现在的价值也接近 100 万英镑（约合 150 万美元），黄金面具价值也达 10.5 万英镑（约合 15.5 万美元）。而他只是一个影响力不大的法老，相比而言，名气更大的法老拉美西斯二世的财富是无法想象的。

　　几个世纪以来，其他几个伟大法老的名字也一直回响在耳边。金字塔建造者除了胡夫，还有他的前辈乔塞尔，其阶梯金字塔是萨卡拉墓地最宏大的建筑。还有胡夫的继任者哈夫拉和孟卡拉。之后著名的国王包括图特摩斯三世、阿蒙霍特普三世和塞提一世，更不用说声名狼藉的国王埃赫那顿了。然而，对埃及历史进行全面研究的魅力之一，是一些新的名字和新的主题的出现。王室女性在母系继嗣社会中的重要性如何？埃及王后可以达到何种地位，是否获得过最高统治权？关于这些疑问，索贝克尼芙鲁（Sobeknefru）、哈特谢普苏特（Hatshepsut）、特沃斯瑞特（Twosret）只是最突出的几个新涌现的主题。

已知的 170 多个法老都是可追溯至公元前 3100 年的王系的延续，一直到公元前 343 年最后的本地法老去世，随后是波斯和希腊的托勒密王朝，直到公元前 30 年克利奥帕特拉七世（Cleopatra Ⅶ）自杀。公元前 3 世纪，赫利奥波利斯（Heliopolis）的大祭司曼涅托（Manetho）记录了古埃及王表，并通过基督教牧师的作品大部分幸存下来，我们可以据此把这段漫长的时间划分为 30 个王朝。今天的埃及学家将这些王朝归纳为三个主要的时期，分别是古王国、中王国和新王国，每个时期都以一个衰落的时间段结束，被称为"中间期"。

每年都有许多关于古埃及历史和文化的书出版。在这里，我们第一次全面地了解了这些不可思议的人，尽管他们是人类，却被成千上万的人视为神。他们的成就，甚至今天看来，都像是神的创造。

第 2 章　古埃及年代学

公元前 6 世纪早期，雅典政治家和立法者梭伦（约公元前 638—约前 559）曾前往埃及。他参观了位于三角洲的瑙克拉提斯城（Naucratis）的神庙，这座城市刚刚被来自米利都的希腊人占领。梭伦作为一个来自大城市的伟大政治家，理所当然地为雅典及其悠久的历史感到自豪，但当他与神庙的祭司们讨论历史时，他们尖刻地提醒他："你们希腊人不过是孩子。"他们的意思是，希腊历史在时间和内容上绝对不能与埃及历史相提并论，这是毫无疑问的。

在这一点上他们是正确的，但有趣的是，这反映出祭司只是近 3000 年悠久历史传统的继承者。虽然他们显然掌握着现在已经无存的历史资料，但是在他们生活的时代，古埃及的辉煌已经消逝很久，我们不知道他们当时有什么确切的历史记录。作为一个出生在三角洲塞本尼托斯（Sebennytos）的希腊 – 埃及祭司，曼涅托能够在 300 年后、公元前 3 世纪撰写出详细的埃及历史，证实一些详细的记录是存在的。

曼涅托和古埃及历史

曼涅托的《埃及史》（也被称为《埃及笔记》）给出了我们今天使用的埃及年表的基本框架。他将埃及的历史划分为不同的王朝（本质上是统治家族），从公元前 3100 年埃及统一到公元前 343 年最后一位埃及本土法老奈科坦尼布二世（NectaneboII）去世，可划分为 30 个王朝。有时在第 30 王朝之后会增加两个王朝——第 31 王朝（第二波斯王朝时期）和第 32 王朝（马其顿时期与托勒密王朝），终于公元前 30 年托勒密王朝的末代统治者克利奥帕特拉七世自杀之际。

奇怪的是，尽管曼涅托对古埃及历史研究有重要贡献，但他的作品却没有全文流传下来。也许有一天，人们可能会在法尤姆的某个城市中发现纸莎草纸的版本，这个城市从希腊罗马时期开始就出土过大量纸莎草文本。曼涅托的《埃及史》流传下来纯属偶然，它在古代就受到高度关注，因此在一些作家流传下来的作品中被广泛引用。其中最重要的是约瑟夫斯（公元 1 世纪后期，著有《犹太古物》和《亚匹温书》）、基督教历史学家阿非利加努斯（Sextus Julius Africanus，其编年史著作下限为公元 220 年）和凯撒利亚（Caesarea）的主教尤西比乌斯（Eusebius，他的作品下限向后延伸了100 年，至公元 4 世纪早期）。大约 500 年后，阿非利加努斯和尤西比乌斯的作品成为拜占庭长老塔拉修斯（Tarasius，公元 784—806 年在位）的大臣、僧侣乔治（也被称为辛赛勒斯）写作《世界史》的基础。由于所有这些作者都只引用他们想要的部分，所以曼涅托的记录只存在于这些后期作品的片段中。

曼涅托的资料来源非常复杂。他显然有神庙的记录，因为我们知道他是赫利奥波利斯神庙的祭司。他的名字暗示他是一个有学问的人，似乎与朱鹭头的智慧之神、象形文字的发明者托特（Thoth）有关，可能表示"托特的挚爱"或者"托特的礼物"。他可用的资料有官方纸莎草历史文献、神庙的宗教文本，至少是神庙墙壁上的历史记录如王表、梅迪内哈·哈布神庙（Medinet Habu）中关于拉美西斯三世与海上民族战斗的历史记载，很多这类记录没有保存下来。然而，在所有这些可能的来源之外，他还加入许多流行的传说和国王的故事，其中一些根本不可信。显然，他还熟悉希腊历史学家希罗多德（Herodotus）的著作。希罗多德来自哈利卡那索斯（Halicarnassus），曾在公元前 450 年左右访问过埃及，并在他的《历史》第二卷中描写了大量关于埃及及其历史的内容。

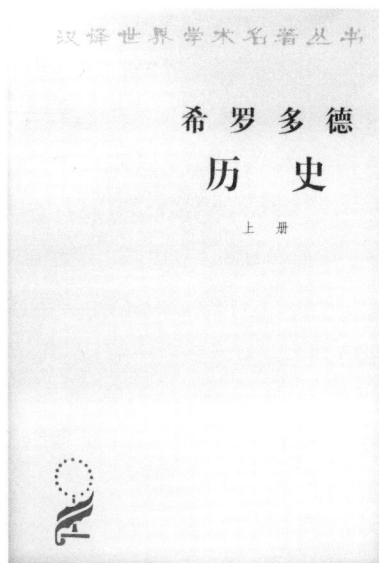

希罗多德《历史》中译本书影

古埃及年表：来自铭文的证据

残缺不全的历史文献提供了检验一些现存书写资料的可能性。虽然这些资料是从古埃及时代流传下来的，但大约在公元 4 世纪末以后，人们就再也看不懂了。年代最晚的埃及象形文字出现在公元 394 年的菲莱神庙（the Temple of Philae）。此后，尽管欧洲文艺复兴时期的许多学者，以及后来的耶稣会神父亚塔纳修·基舍尔（Athanasius Kircher，1602—1680），都曾经努力尝试破译古埃及文字，并取得一些令人难以置信的结果，但都没有找到破译的"钥匙"。1761 年，另一位神父——阿贝·珍·让·雅克·巴特尔米（Abbe Jean Jacques Barthelemy）发表了一篇论文，提出椭圆形符号中有许多象形文字围绕着王名。让·弗朗索瓦·商博良（Jean Francois Champollion）正是从这些"椭圆形符号"，即现在说的卡吐什（cartouche）开始，最终破译了罗塞塔石碑（the Rosetta Stone）上的古埃及象形文字。1799 年，拿破仑远征队的一名法国工程师长官布沙尔（P.F.X.Bouchard）上尉在尼罗河罗塞塔河口的朱利安城堡发现了这块形状古怪的黑色玄武岩。其上镌刻了代表两种语言的三种文字。上面是古埃及象形文字（hieroglyphs，也称为圣书体文字），中间是古埃及世俗体文字（demotic script，译者按：世俗体文字由圣书体文字经祭司体文字发展而来，是一种简化版的草书体，约出现于新王国后期，即公元前700年左右），下面是希腊文字。希腊文很容易翻译出来，显示铭文的内容是托勒密五世的孟菲斯法令，可追溯到他在位的第九年，即公元前196年。以此为基础，商博良在1822年完成了划时代的论文《致达西尔的信》（*Lettre à M. Dacier*），为破译埃及象形文字打开了大门。

罗塞塔石碑（引自李建群《古代埃及和美索不达米亚美术》）

除罗塞塔石碑、沙巴卡石碑（the Shabaka Stone）和西赫尔（Sehel）81号巨石碑这类祭司铭文，只有少数涉及王表的资料与古埃及历史和年表有关。小范围的、特定的年代学资料往往只反映其中发生的一些个人的情况，但证据不足且不容易理解。

现存最早的证据是可追溯到第五王朝（公元前2498—前2345）的帕勒莫石碑（Palermo Stone）。这块黑色闪长岩板的一大部分现藏于西西里的帕勒莫博物馆，较小的碎片则收藏于开罗博物馆和伦敦大学学院的皮特里博物馆。帕勒莫石碑的两面都刻有文字，记录了公元前3150年之前的最后几位前王朝的国王，以及紧随其后直至第五王朝中期尼斐利尔卡拉（Neferirkare）国王。

帕勒莫石碑（引自《埃及历史铭文举要》）

卡纳克王表（the Royal List of Karnak，现在在卢夫尔）包括了从第一位国王到图特摩斯三世（公元前1504—前1450）之间的国王。它还有一个额外的优势，那就是它还记录了第二中期时期（第13—17王朝）许多名不见经传的国王的名字。

阿拜多斯王表（the Royal List of Abydos）仍保存在原位置，即宏伟的塞提一世（公元前1291—前1278）神庙祖厅（Hall of Ancestors）走廊的墙壁上。其上展示了塞提一世及其小儿子（后来的拉美西斯三世）的形象，以及从第一个国王到塞提一世之间的76位国王的王名，呈两排分布（其下的第三排是重复出现的塞提一世王名）。第二中间期的国王不在王表之内，由此也凸显了卡纳克王表的重要性，阿蒙霍特普三世之后第18王朝的最后几个国王也不在内，他们不被接受的原因与阿马尔纳"异教"密切相关

（埃赫那吞、斯蒙卡拉、图坦卡蒙和阿伊）。在附近的拉美西斯二世神庙中发现了一份损坏严重的复制品，王名呈三行而不是两行排列。它被称为阿拜多斯王表，现藏于大英博物馆。

另一份石刻王表是萨卡拉王表，现藏于开罗博物馆。它是在萨卡拉的王室书吏图内利（Thunery）的墓葬中发现的，有 47 个王名（原来有 58 个），从第 1 王朝的阿涅德吉布（Anedjib）到拉美西斯二世，同样也省略了第二中间期的王名。

古埃及年表：都灵王表（the Royal Canon of Turin）

不幸的是，关于埃及国王年代的最好记录却是最残缺不全的。这是一张被称为都灵王表的纸莎草纸，发现于都灵博物馆。它原本是撒丁岛国王的财产，可惜在运输过程中损坏严重。国王的名单最初超过 300 个，熟练的书写者使用祭司体（hieratic script，译者按：祭司体是圣书体的简化版和行书体，约出现于古王国时期）将其记录在一张拉美西斯时代（Ramesside）的纸莎草纸的正面。由此可知其年代约为公元前 1200 年。就像曼涅托记录的片段和帕勒莫石碑的第一行一样，它开始于诸神的王朝，随后是地上诸王的王朝。该王表给出了每一个统治者统治的确切时间，以年，甚至月、日为单位。就像拼接一张巨大的遗失了许多碎片的拼图，我们也需要将都灵王表的残片拼凑起来，这份最重要的埃及年表资料也是古埃及学家的一个噩梦。

根据星星确定真实年代

即使有了上述年代信息，确定埃及的真实或绝对年代仍然是极其困难的。铭文中提到的大多数信息都是相对的，因为它显示了国王之间的先后关系，有时相邻的两位国王之间有一段时间间隔，很难把他们都安置在一个确切的年代框架中。古埃及的绝对年代需要依靠天文年代来确定。具体方法是通过参考民用历和天文历，基于天狼星的偕日出和由此可得出的 1460 年的天狼周期（Sothic Cycle），进行复杂的计算。古埃及人知道一年是 365 天，但他们没有对每年多出来的四分之一天进行调整，如我们的调整是每四年设置一个闰年，即 2 月底增加一天。因此，他们的民用历（civil days）

和天文历（astronomical calen days）将逐渐失去同步，并导致两者之间的年代偏差越来越大。最终，每隔 1460 年，这两种历法就会重合，并在短时间内保持正确，随后它们再次变得不同步，直到下一个周期的结束。

　　理想情况下，天狼星的偕日出应该与民用历的元旦相一致，但只是每 1460 年一次。公元 3 世纪语法学家塞索里努斯（Censorinus）记载，公元 139 年埃及民用年（Egyptian civil year）的第一天和天狼星的偕日出正好重合，也即天狼周期结束。亚历山大造币作坊发行的四德拉克马（Tetradrachms）金属币中一个颠倒的错版也证实了这一现象，币上有带着光环的菲尼克斯像和希腊文字 "AION"（暗示一个时代的结束）。通过文字 "LB" 也可将其日期定在安东尼·庇护（Antoninus Pius）统治的第二年，即公元 138 年 8 月 29 日至 139 年 8 月 28 日之间。往回追溯，可以推断出公元前 1317 年和公元前 2773 年可能有类似的重合。

　　第 12 王朝的辛努塞尔特三世（公元前 1878—前 1841）统治的第七年记录了一次天狼星偕日出，具体是该国王统治第七年第二季度第四个月的第十六天（古埃及只有三个季度：淹没、播种和收获，周而复始）。根据公元前 1317 年和公元前 2773 年的重合推算，这次偕日出可以确定在公元前 1872 年。另一个这样的记录发生在阿蒙霍特普一世（公元前 1551—前 1524）第九年第三季度第三个月的第九天，这就产生了公元前 16 世纪下半叶一个有 26 年误差的年代。

　　这显示了埃及的年表是多么的不稳定，本质上是根据已知的每个国王的统治时间，基于上文提到的三个天狼星偕日出的年代，向前或向后计算出来的。人们普遍认为埃及年表的一个坚实基础是公元前 664 年，第 26 王朝（塞伊斯时期）普萨美提克一世（Psammetichus I）统治时期。随后开始有了可供对比的历史时期地中海文明的年表，尤其是在古典时代和罗马时代。第 26 王朝以前的朝代，其误差率是多变的，在新王国时期大概有 20 年的误差，随着时间的前推，误差预期将会逐渐变大，到上、下埃及统一和早王朝时期（0 王朝至第 2 王朝）或有 50~200 年的误差。

第 3 章　最早的法老：早王朝时期

公元前第四千纪末，尼罗河流域的古埃及文明不仅影响了之后古埃及 3000 年的历史进程，而且还影响了古代近东地区其他后续文明的发展。在此之前的史前时期，人们游荡于河流湿地和沙漠高地，古埃及文明为何如同创世纪神话中莲花从原初之水（primeval waters）盛开一样突然出现，它是从哪里来的？目前人们仍在寻觅这些问题的完整答案。关于古埃及第一批国王的来历的争论十分激烈——他们是从非洲中部来的，还是从后来所谓的新月沃地来的？虽然后来的历史证据似乎一致揭示，最早一批国王来自埃及中部阿拜多斯一带，是提尼斯之王（Thinite king）。不管来自何地，他们拥有塑造第 1 王朝和第 2 王朝的远见和与之相匹配的能力。约 500 年的政治和经济发展与高度发达的技术水平、艺术成就和宗教意识奠定了后来影响古埃及后期的许多思想观念，然而因为年代相隔久远，很多情况下我们只能推测其中的情形。

根据曼涅托的观点，古埃及文明始于上、下埃及的统一。通常都认为古埃及统一的时间是公元前 3100 年。这个日期是从已知的天文日期并结合区域早期年代序列倒推而来的。至关重要的问题是哪个国王统一了上、下埃及。传统的观点认为是那尔迈或美尼斯完成了这一壮举，这两个名字很可能是同一人。此外，我们还知道曾经存在过一个蝎子王。有些学者把蝎子王和之后的那尔迈归入"0 王朝"，即公元前 3150—前 3050 年。

以上观点的材料证据来自 J.E. 奎贝尔（J.E. Quibell）1897—1898 年在上埃及希拉孔波利斯（Hierakonpolis）的发掘。希拉孔波利斯位于尼罗河西岸、阿斯旺北部，是尼垦地区的一座祭祀鹰首神荷鲁斯的古城。这座早王朝时期的城镇遗址又被称为科姆·埃尔－阿玛尔（Kom el–Ahmar），字面意思是"红土墩"。这里的考古发掘取得了很多重要发现，包括代表城镇守护神荷鲁斯的金质鹰首神像和第6王朝佩皮一世及其儿子麦然拉几乎真人大小的空心铜像。早王朝时期的主要发现是一座位于古王国时期城墙和中王国时期神庙之间的窖藏，被称为"大宝藏"。在这个坑内，奎贝尔发现了堪称早王朝时期最重要的"档案"，尤其是出土的几件属于蝎子王和那尔迈的调色板和权杖头，不过从发掘者的报告中很难确定那件重要的那尔迈调色板是从坑里还是坑附近出土的。这些遗物是在它们被制作出来很长一段时间之后（可能是1000多年后的古王国末期）才被埋藏起来的。

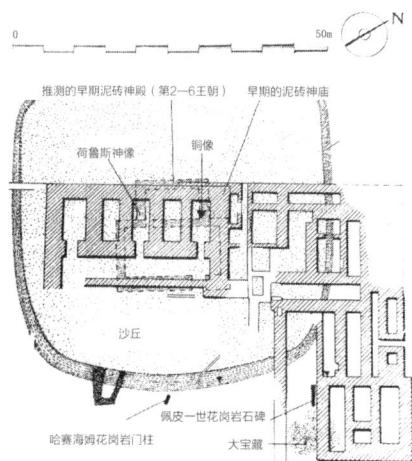

希拉孔波利斯古王国时期神庙平面图（引自伊恩·肖著、颜海英译《重构古埃及》）

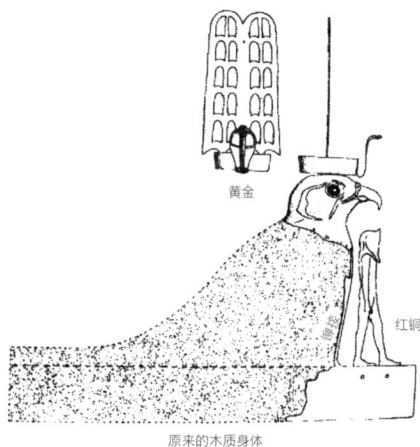

希拉孔波利斯出土的古王国时期荷鲁斯神形象（引自克姆普著、穆朝娜译《解剖古埃及》）

第1王朝

蝎子王和那尔迈

在残破的所谓蝎王权杖头上，雕刻有身着整套礼仪性服饰的国王，他背面的腰带上悬挂着仪式性的公牛尾巴，头上戴着象征上埃及的高大白冠（hedjet），手握着锄或鹤嘴锄，可能是在主持掘开堤坝引水灌溉的仪式，也可能是为神庙（在希拉孔波利斯）或者城市奠基。国王脸部前方是一只蝎子，蝎子上方是一朵七瓣的花，想必是表示他的名字。权杖头残存顶部的装饰带上，可见几组直立的旗杆，其上各有一只被绑住脖子悬挂在旗杆上的田凫，这种小鸟在象形文字中表示"老百姓"，似乎表明他们已经被胜利者蝎子王征服。

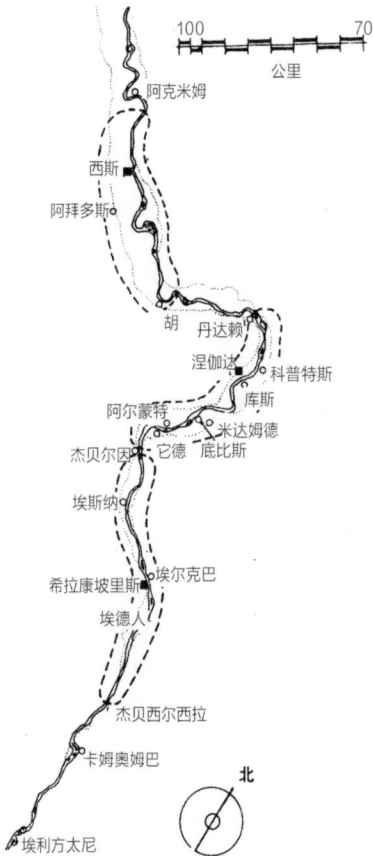

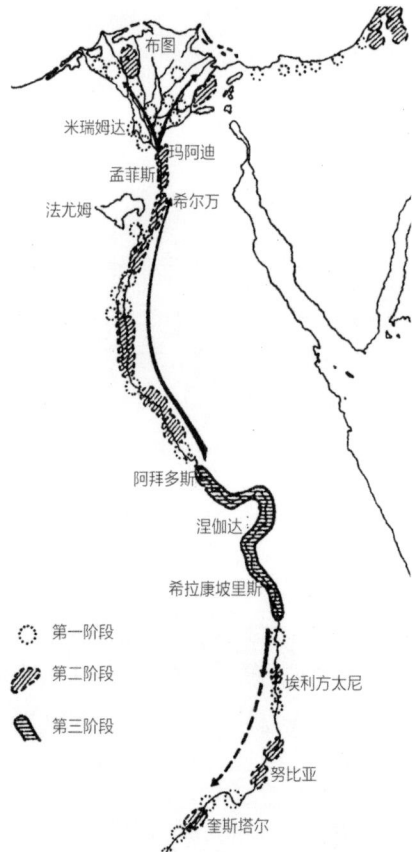

涅伽达时期上埃及的三处区域城邦   上埃及联邦的形成

上埃及联邦的形成（引自克姆普著、穆朝娜译《解剖古埃及》）

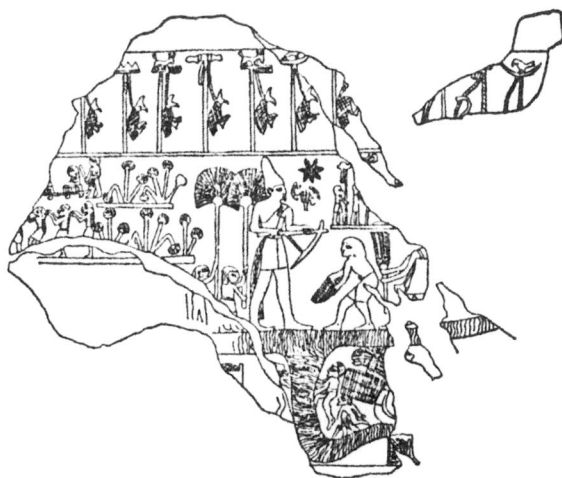

蝎王权杖头（引自刘文鹏《埃及考古学》）

不管描绘了哪种仪式活动，有两件事情是清楚的：戴着白冠的蝎子王，只是上埃及的国王 [若权杖头的缺失部分描绘了他戴着红冠（deshret）的形象，则表示他也是下埃及的国王]：当时出现了战争，而"田凫"在战争中被征服了。因此，必须这样解释，该事件发生在上、下埃及统一之前，蝎子王要早于那尔迈。

希拉孔波利斯"大宝藏"出土了两件和那尔迈有关的重要文物，即那尔迈调色板和那尔迈权杖头。那尔迈调色板是用一块深绿色石板制成的仪式性器物，是古埃及最早的历史记录。它描绘了一位凯旋的国王，其名字出现在塞瑞克（serekh，即王名圈，王名的早期表现形式）中，处于调色板正反面的顶部、两个牛面女神哈索尔（Hathor）的头部之间。王名的象形图案由竖立的凿子及其上方的鲇鱼组成，读作"那尔迈"。那尔迈以两种形象示人，即分别戴着象征上埃及的白冠及象征下埃及的红冠，表明他是上、下埃及之王。更晚些时候，两种王冠相互套接组成红白双冠（the shemty），以表现双重王权。调色板上最主要的场景，是艺术性地突出刻画了形象高大的戴着白冠的那尔迈正高举权杖猛击一个被他揪住额发的俘虏。这是最早的"王权图像"，一直从古埃及时期沿用至罗马时代。然而，调色板的这一面可能是背面。因为在另一面的减地内凹特征

15

暗示这件重要文物最开始可能仅仅是普通的日常用品，内凹处用于研磨化妆品粉末，如绿色的眼妆颜料，这应该是上面或者说正面。正面的国王头戴红冠，体型更小些，但依然远大于其他人物的主导形象。

那尔迈调色板（左：引自李建群《古代埃及和美索不达米亚美术》，右：引自刘文鹏《埃及考古学》）

值得注意的是，石板两面雕刻的国王都赤着双脚，身后跟着一个矮小的提鞋者（从他脖子上悬挂的圆筒印章推测他也是那尔迈的印章携带者），拎着一双凉鞋和一个类似小水罐的东西。国王在这个明显的仪式场景中出现了两次，事件可能发生在一个神圣的场所，国王因为仪式需要而赤脚，很像1800年之后的摩西。荷鲁斯神立于国王身侧，显然是国王的神，因为他抓着一根穿透敌人鼻孔的绳子，时刻等待着国王的指令。

调色板两面顶部的主要位置均被哈索尔神的正脸占据，这种构图必然有其深层含义。虽然荷鲁斯是希拉康波利斯（尼肯）的神，据推测，最重要的神庙也是为祭祀他而建造的，但有可能调色板上的年轻荷鲁斯是哈索尔的儿子，这样可以比较好解释她为何会在调色板的宗教图像中被突出展现。在很久之后的古埃及历史中可以找到相似的例子，托勒密王朝时期有两座保存最为完好的、建在早期地基上的神庙，分别祭祀荷鲁斯（位于埃德夫）和哈索尔（位于丹德拉），其宗教仪式包括两者之间队伍的交换。

那尔迈权杖头同样表现了宗教仪式场景。主要内容是赫卜塞德节（heb-sed，

jubilee），国王端坐于左侧的亭子中，包裹在一件斗篷里。一头牛（哈索尔?）及其幼崽同样居于图像的显著位置。国王在此处头戴红冠，他的提鞋者同样出现于场景中，虽然国王的双脚被及地的仪式长袍遮挡而无法看见。

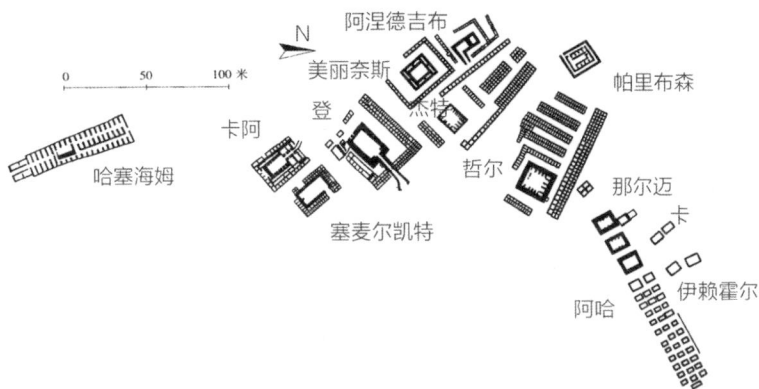

阿拜多斯乌鲁卡伯 B 墓地平面图（引自刘文鹏《埃及考古学》）

霍尔 – 阿哈

　　那尔迈的名字通常刻画于其他遗物如陶片上，我们相信他是真实存在的人物。霍尔 – 阿哈很可能是那尔迈与王后涅托泰普（Nithotep），或称奈斯霍特普（Neithhotep）所生的儿子。按照惯例，他也通过征战，继承了那尔迈的统一王国。他以米恩（Men）作为他的两女士名（nebti name，第二王名），意为"建成"，这个名字可能是后来文献中第一位国王的名字美尼斯的来源。我们暂且可以将霍尔 – 阿哈视为第 1 王朝的第一位国王。这里有一个有意思的证据，在涅伽达遗址发现的涅托泰普王后墓中出土了一小块残缺的象牙标签，其上描绘的繁忙场景中好像表现了两个人正在不知名的东西上（可能是后来纸莎草和莲花茎象征性结合的最早形态）举行"迎接南方和北方"的庆祝仪式。国王的名字意为"战斗的鹰"——再一次暗示荷鲁斯——表示他的上埃及渊源。

他的荷鲁斯名（第一王名和主要王名）霍尔－阿哈和两女士名米恩在标签上并列出现，暗示他使用米恩作为两女士名是为了表示他对两地的统治。其他出土于早王朝时期墓葬中的类似小标签说明他的统治并不轻松。阿拜多斯的一件木质标签记录他当时在努比亚发动了多场战争，平息了很多叛乱；另一块标签则说明他在尼罗河三角洲地区的塞伊斯（Sais）为女神奈斯（Neith）建造了一座神庙。一对交叉的箭清楚地表明了奈斯好战的一面；对她的崇拜一直延续到了罗马时期，那时奈斯在塞易斯被视为雅典娜。

孟菲斯的建造

霍尔－阿哈最伟大的成就是在尼罗河三角洲的最南端建造了首都孟菲斯城。这座首都的历史贯穿了整个埃及历史，成为古代历史中最伟大的城市之一。对一个刚刚统一的国家而言，在这里选址显然是因为它的地理位置和政治重要性，而不是因为这里适合建造城市。事实上，这里并不合适。希罗多德（《历史》第二卷第 29 页）记录了美尼斯在建造孟菲斯城之前就在其南部的尼罗河上修筑了水坝，使尼罗河改道，以方便在这块处女地上建造城市。希罗多德写道，大坝被密切守护着，波斯人每年都要进行加固，因为一旦溃坝，孟菲斯将被淹没。最近埃及勘探队（the Egypt Exploration Society Expedition）对孟菲斯进行的深孔勘探显示，尼罗河河道在历史上不断东移。

根据曼涅托的记载，霍尔－阿哈（这里也叫美尼斯）在位 62 年，并最终被河马袭击身亡。当时他年事已高，可能正在外狩猎河马。帕勒莫石碑记录了在第 1 王朝后期乌迪姆（登）统治期间进行了狩猎河马的活动，在后来古王国时期第 6 王朝的墓葬中有若干浮雕描绘了狩猎鳄鱼的场景。

在完成孟菲斯城的建设之后，古埃及早期的国王们开始在埃及中部的圣地阿拜多斯建造他们的墓葬。国王的贵族们则在萨卡拉沙漠高原的边缘修建了大墓，此处正好可以眺望孟菲斯。对于国王是否在阿拜多斯和萨卡拉都修建墓葬一直存在激烈的争论。由于这两个地点的墓葬长期以来受到极其严重的破坏和盗掘，因此考古证据非常稀少。阿拜多斯的大墓在 20 世纪末被法国人阿米里努（Amelineau）洗劫一空，许多考古证据都已经被毁灭。弗林德斯·皮特里（Flinders Petrie）主持了阿拜多斯墓地的再次发掘，重新记录了遗址信息，复原了墓葬的布局，并获得了被早期盗墓者遗漏的虽然微少但很重要的遗物，如木质和象牙质的标签。W.B. 埃默里（W.B.Emery）教授主要在1936—1956 年（战争年代除外）主持发掘了萨卡拉遗址，同样发现了极少量的精美随葬品。

阿拜多斯和萨卡拉的墓葬没有壁画，所以墓主信息只能从遗物尤其是印蜕中获得，这是用圆筒印章在湿的黏土质酒罐塞子一类东西上压印出来的，可能表示负责修建墓葬的高级官员的名字，有时是王的名字，并不一定是墓主的。根据最近对黏土印章的分析，以及开罗德国考古研究所（the German Archaeological Institute，Cairo）的埃及学教授 G. 德雷尔（G.Dreyer）对阿拜多斯大量早期墓葬的重新发掘，埃及学家认可了阿拜多斯是王陵这一观点。在阿拜多斯发掘出一系列前王朝晚期墓葬及由此发展而来的早王朝王墓，其演变关系可通过不间断的王系追溯。萨卡拉的大墓是当时的贵族墓葬，有的墓葬规模如此之大以至于在很多情况下，这些贵族看起来是在模仿他们的国王，且大墓周边还有大量殉葬墓。

在萨卡拉的早期墓地中，埃默里发现了一座长方形大墓（第 3357 号墓），他认为这座墓属于霍尔 – 阿哈（但他的墓葬实际上是阿拜多斯 B19）。它有 27 个用来存储丧葬装备的地上贮藏室，以及 5 个地下埋葬间。整个泥砖结构外侧镶嵌成"宫殿外观"（Palace Facade）风格。后来，这种图案被仿效作为珠宝上的装饰元素，并在附近第 3 王朝的乔塞尔金字塔建筑群中首次使用在石质建筑上。在墓葬的北部，是一个曾经放置木质太阳船的砖坑。1991 年 10 月，在阿拜多斯发现了并列埋葬的 12 艘木船，年代约为公元前 3000 年。这些木船是世界上现存最早的大型船只，长达 100 英尺（30 米）。其上层结构被泥砖建筑保护着，顶部略突出于沙漠表面。在第 4 王朝的吉萨大金字塔周边发现几个现在已经空了的船坑，1954 年发现一个船坑中仍保存有一艘木船。所有船和船坑可能与王室葬仪有关，尽管它们的确切功能仍然未知。

阿拜多斯的霍尔 – 阿哈墓（B19）是墓地西北部最大的墓葬，在一座相邻墓葬中发现小标签上刻着贝内利布（Berner–Ib）的字样，字面意思是"甜心"。这位女士可能是霍尔 – 阿哈的王后，她的名字也出现在涅伽达遗址出土的遗物上，该遗址发现的一座大墓可能属于霍尔 – 阿哈的母亲涅托泰普女王。

哲尔、杰特和登

　　哲尔（可能是曼涅托记载的阿托色斯）是霍尔－阿哈的继任者，据说他统治了57年。我们再一次从阿拜多斯和萨卡拉出土的象牙质和木质标签中得到印证。所有标签上的象形文字都处于文字发展的早期阶段，往往很难释读，这使我们难以确切理解它们的全部含义。举一个来自于阿拜多斯象牙器上的例子。这件器物上有四行字符，包括两艘船、城市的标志和哲尔的塞瑞克。这看上去像是记录对布陀（尼罗河三角洲北部城市、早期都邑之一）的考察，还记录了对塞伊斯（该城址内有著名的奈斯女神神庙）的考察。另一件在萨卡拉出土的木质标签上刻有哲尔的名字，似乎记录了一项可能涉及人殉的宗教活动。在埃及的早期历史中，殉葬或陪葬时有发生（类似美索不达米亚的乌尔王陵），但是这种行为很快就被废止了。很久以后，一种名为巫沙布提俑（ushabtis）的木乃伊状雕像被用来代为完成死后世界所需的服务工作。

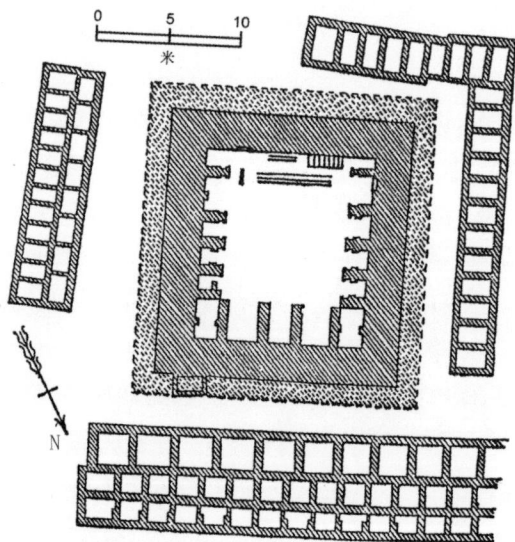

哲尔阿拜多斯墓 O（引自刘文鹏《埃及考古学》）

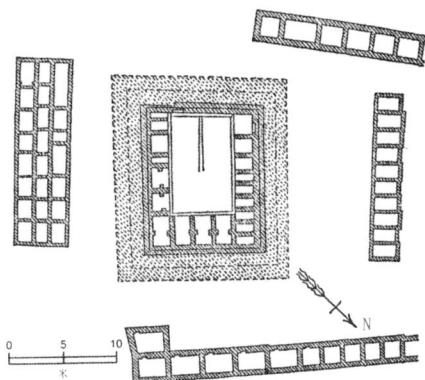

第1王朝杰特的阿拜多斯墓Z（引自刘文鹏《埃及考古学》）

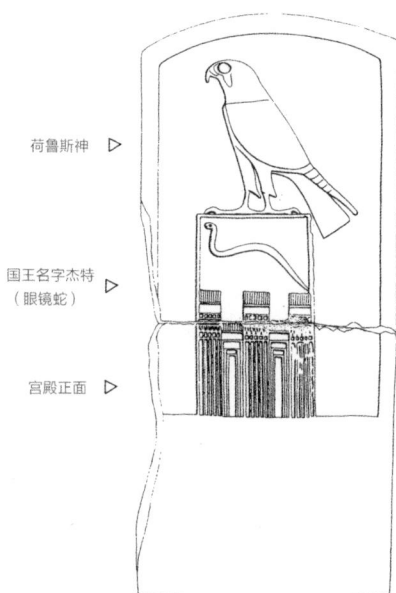

荷鲁斯神 ▷

国王名字杰特
（眼镜蛇）▷

宫殿正面 ▷

第1王朝杰特墓碑(左: 引自李建群《古代埃及和美索不达米亚美术》，右: 引自克姆普著、穆朝娜译《解剖古埃及》)

　　哲尔的大墓在阿拜多斯（墓O），其周围发现超过300个殉葬墓，作为葬礼的一部分，他们和哲尔在同一时间下葬。其中一些殉葬墓仅有简单的木棺和标记。军事远征明显仍有必要，因为靠近瓦迪哈尔法（Wadi Halfa）的一处岩画上描绘了敌人被丢到船的龙骨之下，或被绑在古埃及战船船头的场景，边上刻有哲尔带塞瑞克的荷鲁斯名。

　　哲尔的继任者通常认为是杰特。从尺寸（141英尺×52英尺，约43米×16米）和位置推测位于萨卡拉的一座墓葬（编号3503）及位于阿拜多斯的一座大墓（皮特里编为墓Y）可能属于一位女王，这个女王或许在哲尔和杰特之间统治了古埃及，也可能是短暂摄政。在阿拜多斯的一个大型石质墓碑上发现了她的名字——美丽奈斯（Merneith），起初被认为是国王，但后来认定为王后（哲尔的配偶）。最近在阿拜多斯出土的黏土印章印蜕中发现她的名字，这上面依次序给出了从那尔迈一直到登的早期国王的名字，确认了她的地位，并给了她"国王的母亲"的头衔，她可能是登的母亲，在登年幼时摄政。在她位于阿拜多斯的墓葬周围，有41座殉葬墓，通过随葬品确认这些墓主是女王的随从。

　　杰特在阿拜多斯的墓是墓Z。在萨卡拉的墓（编号3504）之前推测属于杰特，其规模实际上是阿拜多斯墓Z的两倍大，不过现在认为这是贵族塞克汉姆-克哈（Sekhem-kha）的墓葬，因为墓里发现了他的印章。两座墓的周围都有大量殉葬墓，阿拜多斯墓Z有174座，萨卡拉3504号墓有62座。阿拜多斯出土的杰特石墓碑是一件完美的雕刻品。萨卡拉的塞克汉姆-克哈墓（编号3504）也有令人惊喜的发现：在宫殿外观的外边缘围绕着一圈低矮的平台，其上放置了约300个黏土制作的实物大小的浮雕公牛头模型，每一个模型都配有一副真的公牛角。如前所述（参照上文的那尔迈调色板），公牛是王室的重要象征，用来装饰贵族墓葬显得有点奇怪。

　　关于下一代国王登的历史记录要更多一些。许多标签和石瓶上的铭文记录了关于这位国王的介绍，以及在其统治时期发生的重大事件。它们与帕勒莫石碑之间也有着有趣的联系。根据登的王名Semti，我们可以知道他是上、下埃及之王（nsw-bt），在阿拜多斯王表上被称为Hesepti。我们查阅曼涅托的记载，发现统治了20年的乌萨菲多斯（Usaphaidos）与登有比较大的相关性。帕勒莫石碑记录了每年发生的大事，从遗留下来的标签上可以看到几个与所知登王的历史事迹高度相似的事件。在帕勒莫石碑上的这些事件与一个身份不明的国王有关，但这些事迹延续了 14 年，似乎记录了该王统治的晚期。因此，帕勒莫石碑的这些记载很可能与登有关，而后续的记录则可能与他的继承者有关。按照石碑上的顺序，这些继承者依次为阿涅德吉布、塞麦尔凯特和卡阿，在萨卡拉阶梯金字塔内的地道出土的带铭文石瓶上，他们出现在登的名字之后。该序列一直持续到第 1 王朝的终结。最近又在阿拜多斯发现了一块印玺，再次印证了这一序列的真实性。

阿拜多斯出土了一件特别有趣的象牙标签，这件标签属于登（可能来自一双拖鞋），其上记录了"第一次猛击东方"这样一段文字。从标签上可以看到，登王高举权杖击打一个外国首领，这是古埃及时期法老的经典姿势。这似乎与帕勒莫石碑记录的"重击穴居人"有关，该事件发生在一位不知名国王 14 年统治生涯的第 2 年。

W.B. 埃默里教授于 1935 年在萨卡拉发现了一座编号为 3035 的墓葬，尽管墓中出现了许多与登王的大臣赫玛卡（Hemaka）有关的罐的印玺，但因为该墓规模巨大、随葬丰富，许多人一开始认为它是登王的墓葬。现在已被重新认定为赫玛卡的墓葬。尽管被严重破坏，但已修复的大量遗物都极为精美，可以说编号 3035 墓葬是早王朝时期发掘出土数量最多的墓葬。

阿拜多斯的登王（墓 T，62 英尺 ×49 英尺，约 19 米 ×15 米）要比萨卡拉 3035 号墓（曾推测属于登）小得多。在墓葬周围有 174 座殉葬墓。根据建筑风格的相似性，埃默里认为在吉萨发现的一座破坏严重的墓葬可能属于登的王后，这座墓葬的规模几乎和位于萨卡拉的赫玛卡墓一样大，在墓的周围有许多随从的陪葬墓，但这位王后的姓名目前还不详。

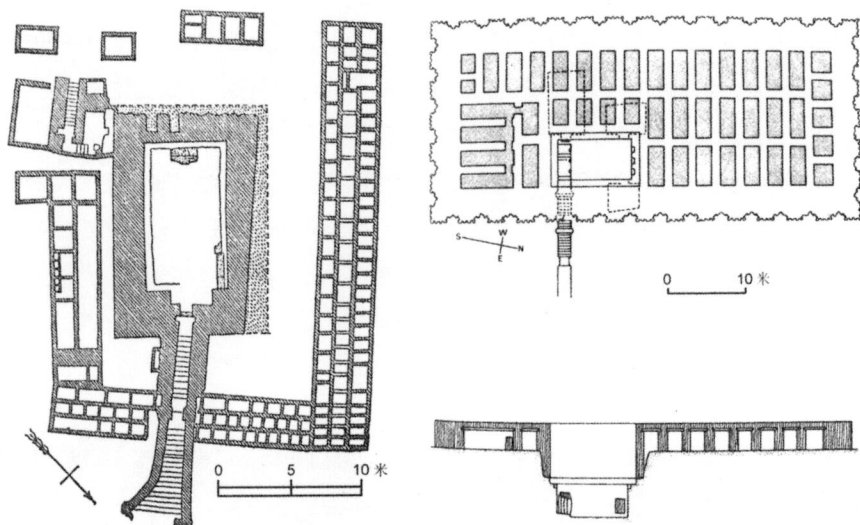

第 1 王朝登王的阿拜多斯墓 T（左）和曾被认为是登王墓的萨卡拉 3035 号墓（右）（引自刘文鹏《埃及考古学》）

阿涅德吉布、塞麦尔凯特和卡阿

　　如果我们将曼涅托记载的 Miebidos 认作阿涅德吉布的话，那么这位国王统治了 26 年。有证据表明，该时期存在南北两地的战争。阿涅德吉布似乎来自阿拜多斯（又称提斯），在图内利（Thunery）墓出土的萨卡拉王表中被称为提尼斯之王。许多石瓶上刻的阿涅德吉布的名字被他的继任者塞麦尔凯特抹去，而塞麦尔凯特却不在萨卡拉王表中。萨卡拉发现的贵族涅比塔卡（Nebitaka）的墓葬，曾被推测属于阿涅德吉布（3038 号墓），墓葬的建筑样式非常奇特，在更早的萨卡拉美丽奈斯王后墓中也发现过类似样式。在矩形宫殿外观状马斯塔巴内隐藏着阶梯结构的基础，两种截然不同的形式非常古怪地融合在一起（马斯塔巴是阿拉伯词语，意为"长凳"，由于早期墓葬呈低矮平台状，与当地阿拉伯村庄房屋门外的长凳相像，因而被称为马斯塔巴）。也许正是该墓葬及美丽奈斯墓，开启了南北风格融合的新潮流，并最终发展成阶梯金字塔。

阿涅德吉布墓（墓X）位于阿拜多斯，其墓室完全用木头建造，该墓是阿拜多斯王墓中建造质量最差也是最小的，尺寸只有53.75英尺×29.5英尺（约16.4米×9米）。仅仅64个殉葬墓也显示其规格较低。

根据帕勒莫石碑，下一任国王塞麦尔凯特统治了9年。而根据曼涅托的记载，塞麦尔凯特共在位18年，在此期间发生了许多灾难。这可能与他的前任有关，有人提出塞麦尔凯特实际上是一个篡位者，因为他把前任阿涅德吉布的名字从石瓶上抹去，而他本人未记录在萨卡拉王表中。他在阿拜多斯的墓（墓U）尺寸为95英尺×101.75英尺（约29米×31米），在规模和质量上远远超过阿涅德吉布之墓，墓室以泥砖砌筑而成，陪葬墓建造也比较考究。不同寻常的是，在萨卡拉没有发现塞麦尔凯特统治时期的贵族大墓。

第1王朝的最后一任国王卡阿可能统治了26年，但是曼涅托记载的最后一位国王名为毕奈开斯（Bieneched），很难与卡阿对应。埃默里于1954年在萨卡拉发现的一座大墓（3505号墓）曾推测属于卡阿，但现在我们认为它是祭司贵族孟卡（Merkha）之墓，墓中的石灰石碑记录了墓主的名字和头衔，其上还刻有现存的该时期最长的文本。墓的规格达213英尺×121英尺（约65米×37米），埃默里据此认为孟卡得到了安葬在国王附近的荣誉。

1993年，开罗的德国考古研究所再次发掘了位于阿拜多斯的卡阿墓（墓Q）。他们发现该墓可能是在简单的泥砖墓室基础上经过了大量改建和扩建形成的。与萨卡拉的其他王墓相比，它尺寸较小，只有98.5英尺×75.5英尺（约30米×23米），而且陪葬墓的数量也要少得多，只有26个。值得注意的是，卡阿统治时期北方地区陪葬习俗开始不再流行，尽管一些地方仍然存在，但并不像南部的阿拜多斯那么多。

皮特里之所以认为位于阿拜多斯的墓属于卡阿，不仅仅是根据出土罐的印蜕，也是因为他在墓东部发现了两块残石碑，其上的塞瑞克中有卡阿的荷鲁斯名。1967年，罗浮宫得到一块精美的石灰岩石碑，碑上卡阿戴着高高的上埃及白冠，被鹰首神荷鲁斯抱着。在卡阿和荷鲁斯头部之上是带着塞瑞克的卡阿的名字，白冠也构成了该王名的一部分，可能表明了南方阿拜多斯的最终胜利。

王朝的更迭一般都表明了统治家族的中断，然而曼涅托却告诉我们，跟第 1 王朝的最后几位国王一样，第 2 王朝的国王也来自阿拜多斯附近的提斯，是提尼斯之王。

第 2 王朝

曼涅托认为，第 2 王朝有 9 位国王，共统治了 302 年，但是现存考古和文字资料却与他的表述大相径庭。根据现在的理解，第 2 王朝共 6 位国王，持续 200 多年。前面 3 位统治者的名字和顺序被刻在了祭司霍特普·蒂夫（Hotep–dif）雕像的背面，从右到左依次为霍特普塞海姆威（Hotepsekhemwy）、拉尼布（Raneb）和尼涅特捷尔（Nynetjer）。

霍特普塞海姆威鲜为人知。位于萨卡拉的第 5 王朝晚期的乌尼斯金字塔中发现带有他名字的印蜕，表明他的墓葬可能就在附近。但是并没有证据显示他像其前任国王那样在阿拜多斯南部也建有墓葬。根据曼涅托的说法，他统治时间长达 38 年，但是没什么证据支持这种说法。他的继承者拉尼布统治时间还要更长一点，有 39 年。如果相信曼涅托的说法的话，那么只有在乌尼斯金字塔发现的印蜕可以指示其墓葬的可能位置。在阿拜多斯有一个花岗岩石碑，其上不同寻常的塞瑞克中有他的名字。

曼涅托增加了关于拉尼布的一条有趣的记录，他介绍拉尼布不仅信仰曼德斯（Mendes）圣羊，同时也信仰姆尼维斯（Mnevis，位于古老的太阳崇拜中心赫利奥波利斯）圣牛及孟菲斯的阿匹斯（Apis）神牛。

曼涅托推测第三任国王尼涅特捷尔统治了 47 年，期间几乎没有发生什么特别的事情。帕勒莫石碑记录了他统治的第 6 年至第 26 年发生的一些事情，包括各种各样神的节日：第 9 年，阿匹斯神牛奔跑；第 13 年，舍姆－拉（Shem–Re）和"北方之屋"城发生入侵后采取了军事行动；第 15 年，后来的国王哈塞海姆威出生。曼涅托还补充说，尼涅特捷尔确定了妇女也能继承王位，但美丽奈斯显然已经在更早就做到了。

　　第四任国王塞克赫米布（Sekhemib）继承了王位，并在位 17 年。然而他在位期间，南北之间的激烈对抗再一次达到了最高点，内部的动荡不断发生。冲突带有政治和宗教的性质，某种程度上通过荷鲁斯和塞特之间为争夺埃及王国统治权的神化斗争而被合法化了。因此，塞克赫米布放弃了荷鲁斯名，改用了塞特名——塞特 – 帕里布森，这一点极其重要。这暗示了塞特的追随者可能占了上风。帕里布森在阿拜多斯的花岗岩墓碑清楚显示了这一变化，因为他的荷鲁斯名字上的猎鹰图案被象征塞特的尖耳朵动物所取代。后来的国王哈塞海姆威显然是一名宗教协调者，因为他的名字中既有荷鲁斯的形象，又有塞特的形象，明显成功缓和了两派之间的矛盾。

　　曼涅托在帕里布森和哈塞海姆威之间增加了塞特尼斯（Sethenes）、查里斯（Chaires）和奈弗尔查里斯（Nephercheres）三位国王，分别统治了 41 年、17 年和 25 年。这些国王的证据很少，考古遗存也未发现。哈塞海姆威是第 2 王朝的最后一位国王，有部分学者认为在哈塞海姆威之前还有一个叫哈塞海姆的国王，但其他学者认为他们其实是同一个人，在位时间是 30 年。根据这一观点，在哈塞海姆镇压了诸多叛乱并统一了国家之后，将自己的名字从哈塞海姆改为哈塞海姆威，意为"两个强大地区的出现"，新的名字结合了鹰隼荷鲁斯和塞瑞克。

　　在恢复和平之前，北方的敌人似乎袭击了南方，因为在一个石瓶上记录着："在尼可布（Nekheb）城与北方敌人战斗之年。"铭文中提到的秃鹫女神奈赫贝特（Nekhbet）是尼可布城（现名埃尔卡博，该城的尼罗河对面是古代上埃及国王的首都希拉孔波利斯）的守护神。北方人能如此深入南方，并直达首都附近，说明那势必是一场孤注一掷的战争。两座哈塞海姆威坐像的底座周围以扭曲状人体表示在这场战争中共击杀了47209 个北方敌人。这两座雕像分别用片岩和希拉孔波利斯的石灰岩制作而成，国王严密包裹在赫卜塞德（hebsed）斗篷里。同时，他戴着上埃及的白冠，表明他战胜了北方下埃及的敌人。这两座雕像都是早期阶段的非凡艺术品。

　　哈塞海姆威死于公元前 2686 年，他在阿拜多斯的大墓是独一无二的：呈梯形，长230 英尺（约 70 米），一侧宽 56 英尺（约 17 米），另一侧宽 33 英尺（约 10 米）。用石头建造的墓室几乎位于墓中心。盗墓者错过了最精美的随葬品——黄金和红玉髓制

哈塞海姆威雕像（引自刘文鹏《埃及考古学》）

作的国王权杖和几件精致的带有金箔盖子的小石罐。

　　距离阿拜多斯沙漠中的哈塞海姆威墓约 1000 码（约 914 米）远，有一处被称为舒尼特·埃尔 – 扎比特（Shunet El–Zebib）的大型长方形泥砖建筑，规模达 404 英尺 ×210 英尺（约 123 米 ×64 米）。墙壁上可见清晰的宫殿外观形象，墙壁厚达 16 英尺（约 5 米）、高达 66 英尺（约 20 米）。年代距今接近 5000 年，但完好幸存到现在。没人知道建造它的确切目的，看上去像是规模宏大的城堡。考古发掘显示其内部存在复杂的建筑，它可能是为国王的卡（ka，灵魂）提供补给的场所。

　　随着哈塞海姆威所在的第 2 王朝的结束，下一个王朝又开始了。很明显，他娶了一位北方的公主，以巩固荷鲁斯和塞特的追随者之间的良好关系。她叫尼姆阿特普（Nemathap），一个罐子印蜕上说她是"孕育国王的母亲"。后来她被视为第 3 王朝的女性祖先，就像阿霍特普（Aahotep）女王之于新王国。

第 4 章　金字塔时期的法老：古王国时期

在古王国时期，古埃及文明臻于成熟。通过古王国时期 4 个王朝的努力，古埃及的国力日益强盛，这很大程度上可能得益于政府权力的集中和有效行政体系的建立。王权的概念也发生了变化，更加强调其神性，国王被认为是荷鲁斯的化身，从第 5 王朝开始，国王又被认为是太阳神拉之子。与此同时，在前几个世纪就已经逐渐发展起来的建筑、技术、文字和艺术等在古王国时期达到了新的高度，突出表现为在第 4 王朝发展到顶峰的金字塔建筑。萨卡拉的乔塞尔阶梯金字塔、吉萨的胡夫大金字塔，以及据说代表第 4 王朝国王哈夫拉的著名的狮身人面像，都是世界上最杰出的建筑之一。

然而，古王国的繁荣未能长久持续，到第 6 王朝，国家权力开始分化，地方势力不断增强。公元前 2181 年左右，古王国结束，古埃及陷入政治分裂和无政府状态。

第 3 王朝

萨那卡特

第 3 王朝的第一位国王萨那卡特（Sanakhte，也被称为尼布卡）虽然统治了约 18 年，却鲜为人知。第 3 王朝的基础得以巩固可能是因为他与第 2 王朝最后一位国王的女继承人结婚，古埃及社会的母系性质从早期开始便表现得非常明显。萨那卡特被认为是其继承人即著名的乔塞尔的兄弟。乔塞尔成为第 3 王朝的第二位国王，他在萨卡拉建筑了阶梯金字塔。这两个国王都热衷于开发西奈半岛丰富的矿产资源，如绿松石和铜矿。西奈半岛的瓦迪曼格拉（Wadi Maghara）出土的一件残红砂岩浮雕上雕刻了一位国王的形象，他头戴下埃及红冠，正准备猛击敌人。

乔塞尔

萨那卡特和乔塞尔登上王位之初，显然仍需应付一些内部政治问题。乔塞尔可能已经将他的统治范围向南扩展到阿斯旺及第一瀑布，这是后来古埃及的官方南部边界。实际上，"乔塞尔"这个名称只出现在后世的记录中，可能是他的出生名。当时他常用的名字是荷鲁斯名 Netjerikhte，这个名字被刻在他所有的纪念物上，包括他在萨卡拉的阶梯金字塔建筑群。虽然在阶梯金字塔中（新王国时期的涂鸦中）已经提及 Djoser，但是它们属于同一国王的最早证据，是刻在阿斯旺西赫尔（Sehel）岛的一块大型岩石上的一段长篇铭文。这是托勒密时期象岛地区克努姆神（Khnum）的祭司伪造的记录，声称在阿斯旺以南约 85 英里（约 137 千米）的一处被称为 Dodekaschoinoi 的土地，已经被乔塞尔"以上帝的名义"授予他们。附近菲莱岛上伊西斯女神的祭司，则相信乔塞尔把这块土地授予了他们。这两种说法可能都不真实，但双方都确信乔塞尔的承诺持久有效，赋予了这位国王极大的权威。据说赐予这块土地是为了回报当地的克努姆神，正是这位神结束了七年的干旱和由此引发的饥荒。

之前王朝的官员埋葬在萨卡拉高原的边缘，越过耕地可俯瞰古埃及的首都孟菲斯。这些都是低矮的马斯塔巴墓，它们看起来就是一系列凸显于地面的矮墩。乔塞尔决定把墓葬修筑在距悬崖边缘大约 1 英里（约 1.6 千米）的位置，打造出建筑史上的一项奇观——著名的阶梯金字塔。

萨卡拉的阶梯金字塔

今天，乔塞尔的金字塔及其周围的附属丧葬建筑群被公认为世界上第一座石头建筑（在一些更早期的墓葬中因特定需要已经开始使用石头，但乔塞尔金字塔是第一座完全用石头建造的建筑）。为乔塞尔修筑这座巨型墓葬的天才是他的维吉尔伊姆霍特普，他似乎是一个多才多艺的人。一件乔塞尔残雕像的底座铭文表明他在宫廷有着崇高的地位，在伊姆霍特普名字之后记载道："下埃及国王的财政大臣、上埃及国王下的第一人、大宫殿的管理者、世袭贵族、赫利奥波利斯的大祭司、建筑师伊姆霍特普、雕塑家、石瓶制造者……"

乔赛尔坐像（引自李建群《古代埃及和美索不达米亚美术》）及细部（引自刘文鹏《埃及考古学》）

乔塞尔王时期的伊姆霍特普雕像（引自李建群《古代埃及和美索不达米亚美术》）

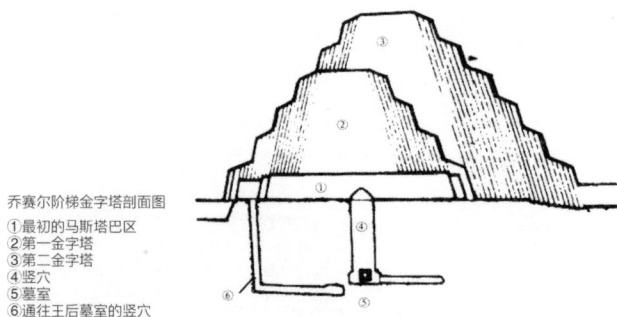

乔赛尔阶梯金字塔剖面图
①最初的马斯塔巴区
②第一金字塔
③第二金字塔
④竖穴
⑤墓室
⑥通往王后墓室的竖穴

乔塞尔阶梯金字塔剖面图（引自刘文鹏《埃及考古学》）

　　乔塞尔墓葬建筑群按照以金字塔为核心的灵魂栖所这一整体概念来设计。它最初建成一个简单的马斯塔巴墓，随后进行了几次扩建，在原先的马斯塔巴墓上不断增建新的马斯塔巴墓，最终形成了 6 个大小不等的台阶，总高达 204 英尺（约 62 米）。它的底面积为 358 英尺 ×411 英尺（约 109×125 米）。这座建筑底部的构造呈蜂窝状，内有大量竖井和隧道，其中几个隧道是盗墓者挖的，但很难将它们与原先未完成的隧道区分开来。在这个金字塔内发现了大量的石瓶，其中许多都制作精美、工艺高超，不少石瓶上都发现有更早期国王的名字。乔塞尔将这些石瓶放到他的墓葬中或许是为了尽可能地保存先祖的遗物，以示尊敬。在其中一条通道里发现的木乃伊左脚可能是这位国王的唯一残骸。其他王室成员被埋在一些竖井和隧道里，比如在一个保存完好的雪花石膏棺材中发现了一个大约 8 岁的小孩遗骸。金字塔地面建筑部分的多次扩建，使得这些陪葬墓被覆盖在扩建后的金字塔下，进出墓室的通道都没有了。国王墓室开凿于阿斯旺花岗岩中，并在墓主下葬后用 3 吨重的填充物封堵起来，进入墓室的入口是从北面重新挖出的。

　　靠近这个北部入口有一个地下室，是用图拉产的石灰岩建成的盒状建筑物，在正面坡状墙壁上留有一对小孔。它是 C.M. 弗斯（C. M. Firth）在发掘中发现的，完全是一个惊喜。在地下室中发现了一块彩绘石灰岩，其上雕琢了真人大小的乔塞尔坐像，这是埃及年代最早的同类尺寸的王室雕像。国王紧紧包裹在一件长长的白色斗篷里，这件衣服可能只在周年庆典或者赫卜塞德节时才会用到。在地下室墙壁上的两个小孔前有一座祭坛，可能是用来放置食物和贡香的，卡由此可以获得所需的物品。同时，在葬礼的最后一天，负责丧葬的祭司也可以享用供品。

阶梯金字塔（上：引自李建群《古代埃及和美索不达米亚美术》; 下：周静怡提供）

丧葬建筑群

金字塔正南部、围墙内南部是所谓的南墓。在南墓虚假门内有三块浮雕石板，其上刻画了国王正在举行赫卜塞德节仪式的场景，他通过仪式重申了其统治的合理性。在其中一块石板上，他戴着高高的白色王冠和棱纹仪式胡子在进行必要的仪式。这也说明了伊姆霍特普为国王设计的整个建筑群的本质是仪式性的。

有人认为南墓是放置乔塞尔内脏（防腐处理时掏出）的地方。他的木乃伊埋葬在金字塔中，因此国王拥有一南一北两处墓葬，分别象征上、下埃及。

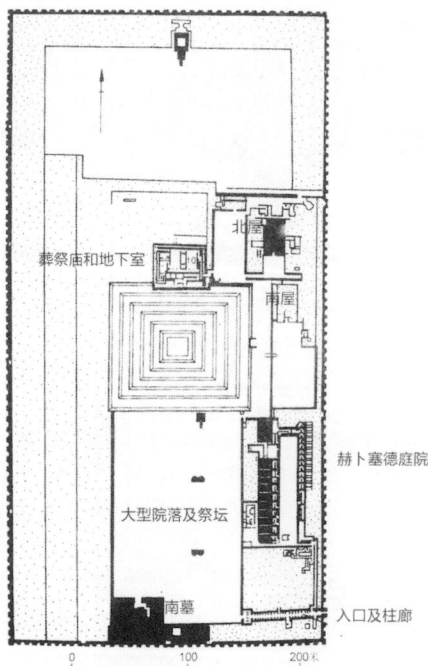

乔塞尔阶梯金字塔平面图（引自刘文鹏《埃及考古学》）

乔塞尔阶梯金字塔的长方形柱廊（引自刘文鹏《埃及考古学》）

阶梯金字塔北屋的纸莎草墙壁（引自李建群《古代埃及和美索不达米亚美术》）

在南墓和金字塔之间是巨大的院落，其东部的一处复杂建筑群，过去30年里一直被认为是赫卜塞德节庭院，已经逐渐得到修复。像建筑群中其他所有建筑一样，庭院的结构是仿真的，考虑到它本来就是作为灵魂的栖所，也就很好理解了。整个建筑群被石灰石块砌筑而成的高大围墙所环绕，围墙呈现"宫殿外观"的形式；围墙中设置了13个虚假门，只有第14座门可以进出。这座门通向由凹槽立柱组成的柱廊，这些柱子没有一个是独立的，全部与后面的墙壁紧密结合，是对早期建筑样式的模仿，说明了石头建筑最开始取代泥砖建筑的艰难步伐。柱子上精美的凹槽让人很快联想到希腊多利安式立柱，但是后者出现时间晚了差不多2000年。这个大厅向前通往金字塔以南的大型院落，其中有两座用于周年庆典的祭坛，但只有基础部分保留了下来。

院子东侧是一组三个赫卜塞德节神殿。接近最南端赫卜塞德神殿的是带有一对圆头台阶的大型平台，其上搭建一对背靠背紧挨的弧顶亭子，这是赫卜塞德节不可或缺的部分，这种结构也以一种示意图的形式，成为代表这个节日的象形文字。这些亭子都有门道，但它们只是象征性的，不能进入到亭子内部。三个未完成的、粗略地雕刻出轮廓的乔塞尔立像被放置在庭院的一边。它们显示出国王在宗教仪式中的姿态，戴着内梅什（nemes）头巾，长着长胡须，手执连枷和权杖。庭院的北侧是另一座仿真建筑，再一次表示上、下埃及的区分。第一座建筑被称为南屋，在其门道上方装饰有程式化的栅栏形图案（khekher），像很多第一次出现在早期王朝的图案一样，被持续使用几个世纪甚至上千年。这种装饰带在帝王谷第18王朝法老墓中尤其引人注目。

北屋以纸莎草柱闻名，这些柱子有巨大花序状柱头和精确模仿纸莎草茎三角形截面的柱身，与支撑墙体紧密结合。后来的新王国时期，由于大而重的圆柱的广泛使用，导致这种精确模仿逐渐消失。

乔塞尔之死

乔塞尔统治了19年，后继者是约公元前2649年登上王位的塞凯姆凯特。这样短的时间内似乎无法完成如此非凡的阶梯金字塔的修建，但这就是国王权力的有力证据。建造这样一个工程需要大量的劳动力，更需要一个强有力的政府来组织和维持工人队伍。乔塞尔的丧葬建筑群开启了古埃及石质建筑的先河。尽管还显然处于实验阶段，但该建筑中首次出现了许多后来常用的建筑形式和风格，在接下来的 2000 年不断被复制或改良。

塞凯姆凯特

根据曼涅托的记载，第 3 王朝的其他 6 个国王都不重要，尽管他推算出这些国王的统治时间合计约 157 年。实际上我们对这些国王所知甚少，现在一般认为另外只有 3 个国王，共统治约 36 年。

在 1951 年之前，我们对乔塞尔的继任者塞凯姆凯特实际上一无所知。西奈半岛瓦迪曼格拉发现的一件浮雕上刻了他的名字（不过之前被错误地认为是第 1 王朝的国王塞麦尔凯特），证明了第 3 王朝法老对该区域的兴趣。浮雕上的古老图案中描绘了塞凯姆凯特左手抓住敌人的头发，右手高举梨形权杖猛击。这种击打沙漠居民贝都因人（Bedu）的图案在第 1 王朝就已经出现，这只是众多实例中的一个。

然而，1951 年，埃及考古学家扎卡里亚·高内姆（Zakaria Goneim）在萨卡拉发现了塞凯姆凯特未最终完工的阶梯式金字塔，这提供了大量新的信息。

地下金字塔

1951 年 3 月，高内姆被任命为萨卡拉的总监。这里只发现一座明确属于第 3 王朝的纪念性建筑（乔塞尔的阶梯金字塔），这引起他的兴趣，他对遗址和地面遗存进行了仔细的调查。乔塞尔墓围墙的西南部是一处椭圆形台地，在地图上被标注为自然地形。台地上的大量人为加工石块（花岗岩、石灰石和雪花石膏）及其分布情况引起了高内姆的关注：在自然台地上不会有这么多人为加工的石块，特别是还存在尔然露头的石块砌筑的遗迹。

因此，1951 年 9 月下旬，高内姆开始调查其中一处露头的石头堆积。在清理时，他发现了坐落在距地表 27 英尺（约 8.2 米）深的基岩面的石砌墙体。最终揭露出一座南北长约 1700 英尺（约 518 米）、东西宽约 600 英尺（约 183 米）的巨型平台。

以这座平台为基础修建了类似于乔塞尔墓的"宫殿外观"样式的围墙。这个大型工程没有最终完工，大概是因为塞凯姆凯特只统治了短短 6 年便去世了，这也就意味着工程开工后没多久就停工了。如果工程能够完成，它也许会是一座高度达 230 英尺（约 70 米）的七级金字塔，比乔塞尔的阶梯金字塔高一级（16 英尺，约 4.9 米）。金字塔平台的北面保存得尤为完好，这里有一个很深的、斜切入基岩的壕沟，向下通往一个被紧密封牢的入口，这个门道在 1954 年 3 月被打开。入口的大部分区域填满了不牢固、危险和不容易清理的碎石块。

在通道阻塞物的底部发现了一堆遗物，包含 21 个金手镯及臂环、一个空心金管和一个精致的双壳贝（bivalve shell）状小金盒等，这些遗物很显然曾经是一起存放在木盒里的，只是木盒现已腐朽。附近还发现一件闪长岩质的大酒杯。这组器物似乎是有意放置，而不是盗墓者遗弃或丢弃于此。

在墓中发现了 5 个陶罐印蜕，引人注目的是其中一件圆筒印章上刻着塞凯姆凯特的名字，墓主由此得以确认。在清理完更多危险的阻塞物之后，最终到达一个巨大的、洞穴状的、尚未完成的墓室，其正中间有一座长方形石棺，由整块半透明的雪花石膏切割制作而成。对这片区域和附近的众多通道进行了严密勘查，没有发现墓葬被密封后有盗墓者进入的迹象。

1954 年 6 月，大约工作了 3 年以后，工作人员小心翼翼地打开了石棺，由于棺板用石膏砂浆与石棺紧密黏合，开棺过程颇为费力。但棺内完全是空的，这让应邀而来的学者和记者惊讶不已，这一情况还缺乏合理的解释。石棺肯定没被盗扰，唯一可能的解释是国王可能埋葬在其他地点，甚至有可能在那些还未被探索过的迷宫般的通道中。

卡阿巴和胡尼

第 3 王朝的最后两位国王没有把墓葬安置在萨卡拉。塞凯姆凯特的继承人卡阿巴在距离吉萨金字塔南部 1 英里（约 1.6 千米）的扎维耶特·埃尔·阿利安（Zawiyet El-Aryan）建造了他的金字塔，即所谓的分层金字塔。这似乎最初是设计成一座有六层或七层台阶的阶梯金字塔，北边则是在一处基岩中开凿出的入口。这座墓有着与塞凯姆凯特墓类似的建设技术和布局，说明其年代晚于后者。附近发现的第 3 王朝马斯塔巴墓出土了几件石容器，其上用红色墨水写着卡阿巴的名字。看起来这座墓葬从未启用。

第 3 王朝的第五位也即最后一位国王胡尼的墓葬选址发生了更大的变化。他在开罗以南 50 英里（约 80 千米）的法尤姆边缘地带的美杜姆修建了墓葬。如今这座金字塔已经变成耕地边缘不起眼的灯塔式建筑。这是首次规划了正方形基础的金字塔，并试图建成第一座真正意义上的几何形金字塔：先在台阶上铺设松散的石头，随后在整个台阶外包裹白色图拉石灰石。现在它有 3 个（原有 7 个）74° 陡坡状的高台阶，通高约 214 英尺（约 65 米）。由于石块之间缺乏粘结，导致"外壳"崩坏，从而变成现在这个样子。崩坏发生的确切时间一直存在争议：库尔特·门德尔松（Kurt Mendelssohn）认为发生在建造斯尼夫鲁的弯曲金字塔（位于达舒尔）时，并认为两座金字塔是同时建造的；其他人认为发生于新王国时期，因为在东面的葬祭庙中有第 18 王朝游客的涂鸦。

在新王国时期，美杜姆金字塔显然被认为是由斯尼夫鲁建造的，因为葬祭庙的涂鸦中提到他的名字，写的是"斯尼夫鲁王的美丽寺庙"。这一点显然有些夸大其词，因为这是一个小而普通的无窗孔的建筑。在庙背面和金字塔东面之间一个小庭院内的低矮祭坛两侧，各有一个大而直立的圆顶墓碑，但这两个石碑都未完工，也没有铭文。斯尼夫鲁在美杜姆以北 28 英里（约 45 千米）的达舒尔建有两座金字塔，不太可能有三座，因为两座已属罕见。现在人们普遍认同美杜姆金字塔是为胡尼而建的，但主要是由他的女婿和继承人斯尼夫鲁完成。

美杜姆金字塔首次向我们展示了日后金字塔建筑群的标准布局，包括金字塔本身、金字塔北面的入口、下行的通道、通常位于岩床中或岩石堆间的地面墓室，可能有不同高度的多个墓室。在金字塔的东面是一个小金字塔或葬祭庙，从这里有一条堤道通到农田的边缘，河谷庙就位于此。更晚的这类建筑物通常装饰有非常精美的浮雕。在美杜姆还没有发现过河谷庙，我们推测它位于农田边缘如今被严重剥蚀的堤岸下端的一小丛棕榈树下。

美杜姆金字塔断面图

胡尼的美杜姆金字塔（引自刘文鹏《埃及考古学》）

奇怪的是，没有证据表明在地下墓室里曾经有石棺。有人推测石棺在金字塔东北侧一个大的、未确认的 17 号马斯塔巴墓内。那里有一个典型的古王国时期无铭文的花岗岩石棺，其沉重的棺盖已被盗墓贼移到一侧。

1871 年，法国古埃及学家奥古斯特·马里耶特（Auguste Mariette）在胡尼金字塔庭院北部和西部的马斯塔巴贵族墓里发现了古埃及的艺术杰作：美杜姆鹅及拉霍特普（Rahotep）和诺弗雷特（Nofret）的成对雕像。在奈弗尔－玛阿特（Nefer-Maat）和阿泰特（Atet）墓的装饰带上有三对现实主义的绘制精美的鹅。墓中拉霍特普和诺弗雷特雕像的面相庄严，与体型更小的平民形成鲜明的对比，充分展示了他们对自身不朽的自信。其中拉霍特普的头衔是"国王的儿子"，他可能是斯尼夫鲁的儿子，他的妻子诺弗雷特的头衔是"国王所知道的"。

胡尼的统治持续了 24 年左右，于约公元前 2613 年结束，第 3 王朝也随之走到尾声。

第 4 王朝

斯尼夫鲁

斯尼夫鲁于公元前 2613 年建立第 4 王朝后，更多的历史记录和王室肖像被保留下来。斯尼夫鲁与前国王胡尼的女儿赫特芙勒斯（Hetepheres）结婚，赫特芙勒斯之所以有很大的名气，原因在于她是胡夫的母亲。曼涅托记载（根据优西比乌斯），这一王朝包括来自孟菲斯的 17 位国王，共统治 448 年（阿非利加努斯的版本中只有 8 位国王，共统治 277 年）。第 3 王朝的国王来自孟菲斯，具体地说，第 4 王朝的国王虽然也来自孟菲斯，但是他们是不同的王系。看起来是斯尼夫鲁与胡尼女儿的婚姻将两个王系结合在一起，但在曼涅托的眼中，这是一种突破，足以命名一个新的王朝。他把斯尼夫鲁确定为该王朝的第一位国王，共在位 29 年，不过目前学术界认为他统治了约 24 年。斯尼夫鲁是胡尼的儿子，可能是名为梅瑞塞克（Meresankh）的小妾所生。赫特芙勒斯则是更高级别的王后所生，有着王室的血统，斯尼夫鲁通过这次婚姻，巩固了他继承王位的合法性。斯尼夫鲁和赫特芙勒斯可能是同父异母。胡尼是都灵王表和后来的萨卡拉王表上第 3 王朝的末王。

主要根据帕勒莫石碑的记载，斯尼夫鲁的远征超越了埃及的国境，到达过黎巴嫩，以获取大雪松圆木来制作神庙大门和大型船只，还到过西奈半岛以获取绿松石。尽管有证据表明，早在第 1 王朝就已经远征过西奈，但斯尼夫鲁似乎和西奈半岛联系特别密切，根据留存于瓦迪曼格拉的年代较晚的记载，在那里，斯尼夫鲁被当作神来崇拜。此地彼此相距不远的两座同时期浮雕中出现了他的完整王名，他被称为"猛击野蛮人的人"，图像中他以一种由来已久的姿势击打敌人。

斯尼夫鲁再次对国王墓地进行了重新选址。他没有依照常规葬在孟菲斯，而是选择了位于达舒尔的一个新地方，地处美杜姆以北 28 英里（约 45 千米）。采取这一决定的原因还不明确，但他为自己建造了两座金字塔，后来第 12 王朝的几个国王也在这里营建了墓地。

斯尼夫鲁的两座金字塔

关于达舒尔的两座斯尼夫鲁的金字塔哪个建造更早，学者们意见不一。目前来看，大家更倾向于南部的金字塔更早，因其古怪的外形，这一金字塔又被称为弯曲金字塔、钝金字塔或棱形金字塔。古王国时期，该金字塔就被认为与斯尼夫鲁有关，因为第5王朝时的铭文中提到有一位官员号称是"斯尼夫鲁的南金字塔的监工"。关于钝金字塔奇怪的外形，研究者还没达成共识。德国埃及学家路德维格·博尔夏特（Ludwig Borchardt）指出，根据他的"累积理论"（Accretion Theory），由于斯尼夫鲁王去世太过突然，因而不得不将金字塔的倾斜角度从下层的54°31′减少到上层的43°21′，以便尽快完工。不过这一角度的减少，实际上对建筑体量及由此而来的工程量的影响不大，另外我们现在知道它比北部的金字塔更早修建。库尔特·门德尔松则提出，北部的美杜姆金字塔与南部的达舒尔金字塔可能是同时修建，而非相继开工。美杜姆金字塔在施工中发生了一次严重的事故，极有可能是暴雨导致外壳滑脱，致使达舒尔的建筑师在金字塔建到一半时紧急缩小了倾斜角度。这一推论仅在营建过程中发生事故时才能成立，但有证据显示外壳的滑脱事故发生在后来的新王国时期。

达舒尔的弯曲金字塔（引自李建群《古代埃及和美索不达米亚美术》）

弯曲金字塔在古王国金字塔发展史上非同寻常，它不仅遵循规范，在塔的北面设计了入口，而且在西面高处还有第二个入口。北面入口离地高约 40 英尺（约 12.2 米），通过一条向下的斜坡通道，到达两个开凿于基岩的高大叠涩顶墓室。这两个墓室再往下，可以通过一条竖井通道到达另外一个更小的叠涩顶墓室。第三个墓室及它那不寻常的西南入口通道，迟至 1946—1947 年才被发现。在古王国时期，所有已知的金字塔中，塔身北面的入口通常被认为是出于宗教需要，与北极星相关联，但在西面的第二个入口则令人费解。美杜姆与达舒尔金字塔的所有墓室中都没有发现任何石棺的迹象。

在钝金字塔发现有两处用红色墨水书写的斯尼夫鲁王的名字，他与金字塔的联系，也藉由残存的两块石碑中的一块所证实，这块石碑出土于一座由围墙环绕的更小的金字塔中。与金字塔有关的河谷庙发掘于 1951—1952 年，发掘结果表明该建筑装饰了精美的浮雕和饰面，可惜在古代就已遭到严重破坏。同样也发现了放置在壁龛内的国王雕像，很可能是吉萨哈夫拉的河谷庙中那些独立雕像的前身。

达舒尔北部的金字塔又称为红色金字塔，是第一座真正的金字塔（虽然它的倾斜角度较小，只有 43° 36′，低于后来的标准 51° 52′），以其在落日余晖中呈现红色而得名。入口位于北面离地几英尺高的地方，通过向下倾斜的通道，通向三个连通的墓室，墓室均被碎石塞满，无法进入。在有些脱落的外层石块上发现有用红色墨水书写的斯尼夫鲁的名字，证明金字塔是为他而建，同时还在 20 世纪初期发现一块石刻铭文，是第 6 王朝佩皮一世的法令，记录了他免除"斯尼夫鲁王的两座金字塔"的僧侣的税款事宜。斯尼夫鲁很有可能埋葬于北部的金字塔中，他的妻子赫特芙勒斯则单独埋葬在附近的墓里。

正因为有如此庞大的资源和劳力供其驱使，斯尼夫鲁才可以为自己建造两座金字塔，并为其前任国王也营建一座。显然，斯尼夫鲁巩固了王国的基业，给儿子胡夫留下了丰富的遗产。胡夫青出于蓝而胜于蓝，在吉萨高原将金字塔建筑发展到顶峰。

胡夫

那些引用曼涅托作品的古代作者们一致认为第 4 王朝的第三位国王是沙菲斯，大金字塔的修建者（希罗多德认为是基奥普斯修建的）。沙菲斯对神灵持有一种蔑视的态度，但是出于忏悔，他编著了受到埃及人高度评价的圣书。"沙菲斯"一名的希腊形式基奥普斯和埃及形式胡夫更为人们熟知。令人好奇的是胡夫为什么会被排在第三位，因为目前还没有关于介于胡夫和他父亲斯尼夫鲁之间的法老的史料记载。耐人寻味的是他创作圣书的参考文献，这些文献似乎并没有被保留下来，尽管胡夫的形象曾被后来的编年史家严重抹黑，并被拿来和他的继承人哈夫拉和孟卡拉做了强烈的对比。

像他的父亲一样，胡夫统治时间约 23 年或 24 年，并且似乎也发起过针对西奈半岛的军事远征。瓦迪·曼格拉的石刻表明胡夫军队在这一区域出现过，毫无疑问是为了控制贝都因人和开采绿松石矿。在阿斯旺象岛上发现了一块巨形卵石，上面已经十分模糊的刻文也表明了国王对遥远的南方有着极大的兴趣，目的是为了开采上等的阿斯旺红色花岗岩。

吉萨金字塔群整体（引自李建群《古代埃及和美索不达米亚美术》）

胡夫大金字塔

胡夫最伟大的成就是建造了第一座也是唯一一座目前还屹立着的、古代世界七大奇观之一的吉萨高原上的大金字塔。其原始高度为 281 英尺（约 146.6 米），现存高度为 251 英尺（约 137.5 米），顶层的 30 英尺（约 9.1 米）已不存，直至公元 19 世纪都是世界最高的人造建筑物。古埃及建筑师创造了一个维持了 4500 年的傲人纪录。

胡夫的墓葬选址为什么会远离他父亲所在的达舒尔和他先祖所在的萨卡拉，目前还没有很好的解释，只能说胡夫确实这样做了，他选择了位于现在开罗西南部的吉萨高原的延伸部分。胡夫的这一建筑似乎是该区域的第一处建筑，令人好奇的是他并没有选择在这片高原的最高处来建造他的金字塔。这个地点被他的继承人哈夫拉选定，由此造成哈夫拉金字塔高于胡夫金字塔的错觉。

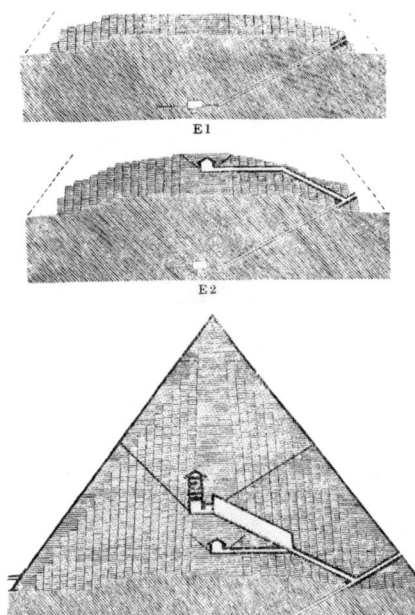

胡夫金字塔建筑过程及内部构造（引自阿哈默德·费克里《埃及古代史》）

胡夫将他所有的精力都投入单一金字塔而不是多个金字塔的修建中。与比它更早的金字塔一样，大金字塔内部布置经历了多次更改，但是它的外部构造及尺寸似乎与最开始的设计一致。这项工程的负责人被认为是胡夫的堂兄埃蒙（Hemon），在其杰作大金字塔旁边的马斯塔巴墓里发现了他富有感染力的坐像。

由于其宏大的体量，大金字塔仍然是一个谜。希罗多德引用了一些祭司杜撰的数据：建造从河谷庙到葬祭庙的堤道用了 10 年，建造金字塔本身则花费了 20 年，总成本大约 1600 他连得（Talent）银子（根据附近的铭文得知），按照现在的碎银价来换算，价值超过 500 万英镑（约合 750 万美元）。

此外，我们无从得知金字塔究竟是如何建造的。相关的推测有许多种，有人认为是利用一条伸入沙漠的、随着金字塔高度增加而不断加长加高的长斜坡，也有人推测是利用了一条环绕着金字塔表面、随着建筑高度的抬升而呈螺旋状上升的斜坡。这两种方式都不算特别令人满意的，每种方法总有某些方面是不切实际的。希罗多德指出，金字塔被设计成多层台阶状，通过使用"短木装置"将石块从金字塔的四面同时向上拉。已故的建筑大师彼得霍奇（Peter Hodges）使用带金属钉脚的短木进行实验，并取得了一定的成功，很显然这种方式更有说服力。

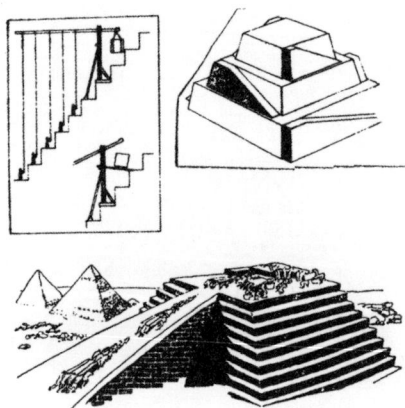

金字塔修建方法示意（引自刘文鹏《埃及考古学》）

金字塔内部的布局表明了在建造过程中，至少出现两次方案的更改。起初在高原地面以下的深处设计了一个墓室，后来计划发生变化，把墓室建在了距地面 50 英尺（约 15.2 米）的金字塔内，现在被错误地称作女王墓室（未完工）。1993 年，利用小型机器人远程控制摄像机在女王墓室的"空气"隧道进行探测，发现了一个金属插销拴住的小门。因为门太小而无法进入，通道只有 8 英寸（约 20 厘米）宽，因而还需要开展进一步调查工作。另一处改动是大走廊的建造，走廊高 28 英尺（约 8.5 米），叠涩顶，向上通往一处水平通道，可以进入金字塔中心的国王墓室。在墓室的西端放置了一具用整块阿斯旺花岗岩切割而成的大型石棺。石棺定然是在墓室被九块花岗岩石板（每块平均重量将近 45 吨）封闭之前放置在这个位置的，因为它比走廊的通道宽约 1 英寸（约 2.5 厘米），因而无法通过走廊搬进去——这是早期"内置"家具的一个案例。

金字塔的外部装饰有洁白的图拉石灰石，正如希罗多德指出，是从顶部开始向下铺设的。这些石灰石大部分在中世纪被取走，用来建造开罗城。在金字塔东面靠前的巨大石灰石葬祭庙（171 英尺 ×132 英尺，约 52 米 ×40 米），仅残留了黑色玄武岩地板。位于金字塔堤道底端的河谷庙已经叠压在阿拉伯村庄之下，1991 年铺设新的排水系统时曾发现河谷庙的一部分。

在大金字塔周围，主要在其西边，分布着大臣的墓葬，他们希望死后仍然和生前一样为国王服务。东边则分布着三座属于胡夫王后的附属金字塔。根据希罗多德的说法，相传位于中部的边长 150 英尺（约 46 米）的附属金字塔属于胡夫的一个女儿，她被胡夫安排在一个妓院卖身，以筹集更多资金来建造大金字塔。除了付钱外，公主还要求每个客人提供一块石头，以便建造她自己的金字塔。这是一个无法证实的传说，而这座金字塔的主人可能与胡夫同父异母。第一座金字塔可能属于他的姐妹和妻子，第三座金字塔属于另一个同父异母的姐妹赫努森女王。

在大金字塔附近有两个与胡夫相关的重大发现：第一个是 1925 年在金字塔东边靠近堤道处发现了胡夫的母亲赫特芙勒斯女王之墓，第二个是 1954 年在金字塔南面发现了一艘完整的木船。

胡夫的王船

1954 年 5 月，在大金字塔南部的清理过程中，卡玛尔·埃尔 – 马拉克（Kamal el–Mallakh）发现了 41 块大型石块，平均重量为 18 吨。这些石块把长 101 英尺（约 30.8 米）的开凿于基岩的大坑牢牢密封起来。坑内是一艘 141 英尺（约 43 米）长的大型雪松木船，由于木船太大，无法完整地放入坑内，而不得不把它仔细地拆解成 650 个部分，包括 1224 个部件。经过哈格·艾哈迈德·优素福·穆斯塔法（Hag Ahmed Youssef Moustafa，他也负责修复赫特芙勒斯的家具）多年的耐心修复，1982 年 3 月，这艘木船及船坑一道在一座专门设计的博物馆展出。埃及文物局并不能解决木船保存的所有问题。在这些问题未得到解决之前，该船坑附近的第二座密封船坑就不会进行发掘。最近的探查表明，这个坑内也有一艘船，但保存状况不是太好。

胡夫金字塔的太阳舟（引自刘文鹏《埃及考古学》）

命运总是离奇古怪，虽然有宏伟的胡夫金字塔、巨大的葬船，以及他母亲华丽的丧葬家具，但胡夫本人只保留下一件微小的雕像，由弗林德斯·皮特里于 1903 年发现于阿拜多斯的奥西里斯神庙。我们发现一个有趣的对比，最小的雕像代表最大的金字塔的建设者，而古王国现存最好的多件雕像则属于吉萨地区最小金字塔的建造者：孟卡拉（第 4 王朝的第五个统治者）。

拉杰德夫拉

胡夫的继任者是他短命的儿子拉杰德夫拉，关于他的事情大家知道得很少。据推测，他完成了父亲在吉萨的葬礼，并特别负责提供葬船。拉杰德夫拉的重要意义在于，他是第一个采用"拉之子"称呼的国王。此外，由于一些未知的原因，他不仅选择在吉萨以北 5 英里（约 8 千米）的阿布罗什（Abu Roash）一处居高临下的高原建造其墓葬，而且重新使用了早期的建筑风格。他并不是在建完金字塔之后才在基岩中开凿墓室，而是遵循第 3 王朝的做法，挖一条大型壕沟，其终点与竖井相通。

由于遗址遭到严重侵蚀破坏，我们很难对拉杰德夫拉的墓葬有更多的了解。其中发现了一条堤道，但不是通常的东西向，而是南北向；没有发现河谷庙，仅依稀可见通常发现于金字塔东面的泥砖葬祭庙的粗糙地面。在南面发现一个深坑，其内可能放置有一艘葬船。以上这些情况，加之极少发现金字塔上层建筑，意味着国王统治时间相对较短，整体规划和金字塔及其附属建筑的修筑最多只能说是刚刚起步。

1907 年，法国在阿布罗什的发掘中，发现一个精美的深红色石英岩质的国王头像，头戴内梅什头巾；还发现他儿子塞特里（Setlea）的一座小雕像，采取了传统的蹲坐抄写员的姿势；以及国王及其妻子的雕像的下半部分。这三件作品（现存巴黎卢浮宫）的质量和风格表明，第 4 王朝的艺术传统是在拉杰德夫拉统治时期牢固建立起来的。

在吉萨以南大约 1 英里（约 1.6 千米）的扎维耶埃尔 – 阿利安（Zawiyet el-Aryan），有一个未记名的建筑。其在结构上与拉杰德夫拉的金字塔非常相似，都设计了一条深的开放式壕沟。在深井的底部，发现了一个嵌入地板的未记名椭圆形花岗岩石棺。这一遗址记录了两个名字：在一些石块上有红色图案名字，可能读作"涅布卡"

（Neblca）；另一个是拉杰德夫拉，铭刻在片岩石板上。虽然根据建设工艺将其年代定在拉杰德夫拉在位前后，但都不足以作为判定金字塔归属的依据。它可能属于第 4 王朝的一个尚未被认识的国王，但很难知道他是哪一个国王及其在已知的第 4 王朝国王序列中的位置。

哈夫拉

哈夫拉（Chephren）是胡夫的另一个儿子，大约在公元前 2558 年继承了拉杰德夫拉的王位，他是吉萨的第二金字塔和狮身人面像的建造者。曼涅托认为哈夫拉就是沙菲斯二世，并相信他统治了 66 年，但这是无法证实的。哈夫拉确实维持了比较长时间的统治，可能在 24 年（都灵王表有记载，并被附近的王子涅库拉墓上的铭文明确证实）至 26 年之间。无论如何，他的统治时间足以让他在吉萨建造一个宏伟的丧葬建筑群。

哈夫拉像（引自李建群《古代埃及和美索不达米亚美术》）

哈夫拉统治时期的国家是繁荣的，他墓地范围内的贵族墓也能证明这一点。在其中一个贵族——国王的儿子涅库拉王子墓的墓壁上刻着一条遗嘱，这是目前发现的唯一一例。在遗嘱中，他给他的继承人留下了 14 个城镇，至少 11 个（有 3 个名字被破坏）以他父亲的名字——哈夫拉命名。涅库拉的遗产由他的 5 个继承人继承，但 12 个城镇被指定用于承担王子的祭礼。

吉萨第二金字塔

哈夫拉金字塔建筑群的布局——包括河谷庙、堤道、葬祭庙和金字塔——为其他古王国时期的金字塔建立了标准。位于农田边缘的河谷庙是一座令人印象深刻的朴素的建筑，是金字塔之外现存最大的建筑。它用当地的石灰石建成，但墙上镶饰了大量来自 600 英里（约 965 千米）以南的阿斯旺红色花岗石片。里面的柱子同样是用来自阿斯旺的花岗岩整块石料制作而成。虽然神庙的屋顶已不存，但人们认为柱子上的采光井可能为多达 23 个闪长岩、片岩或石膏质的石座像提供光亮，其风格与奥古斯特·马里埃特在 1860 年发现的隐藏在入口内窖藏里的一座雕像类似。这座精致的哈夫拉闪长岩质雕像比真人还大，其内梅什头巾之后是荷鲁斯神像，堪称古埃及艺术的杰作之一。

河谷庙在去世国王的丧葬仪式上发挥着重要作用。事实上，一些仪式，尤其是净化仪式，似乎是在神庙屋顶上带帐篷的亭子里进行的。河谷庙内部有一个向上的通道通向堤道的顶端，继而向上通往金字塔东部的葬祭庙。葬祭庙目前已经几乎不存。

哈夫拉的金字塔建在比他父亲的金字塔稍高的地面上，给人以其高度超过胡夫金字塔的错觉。事实上哈夫拉金字塔只有 447.5 英尺（约 136.4 米）高，它最初的高度比邻近的胡夫金字塔矮 33.5 英尺（约 10.2 米）。尽管大金字塔失去了顶部的 30 英尺（约 9 米），但它依然比第二金字塔高大约 3 英尺（约 0.9 米）。然而，哈夫拉金字塔确实有优势，其顶部仍保留了一些图拉石灰石外壳。

在古典时代，人们普遍相信哈夫拉金字塔是完全实心的，没有入口和墓室。这是完全错误的，因为它北面不止一个入口（一个入口是古王国时期的标配），而是有两个入口，一个在路面边沿，另一个在高出四周路面约 40 英尺（约 13 米）的金字塔外壳部位，开口位于中部略偏西。具有开创精神的意大利考古学家乔瓦尼·贝尔佐尼（Giovanni Belzoni）意识到金字塔北面的废弃堆积要高于大金字塔北面的入口。1818年3月2日，取得"敕令"（许可证）后，他清除了废弃堆积，发现了进入金字塔的上行陡坡通道。

两个入口的通道向下延伸并连通，然后通向墓室，墓室开凿于地面基岩中，几乎位于金字塔底部正中间。墓室顶部用大型石灰岩块搭设而成，呈人字形，与金字塔的倾斜度一致（即 52° 20′，比大金字塔的 52° 51′ 稍陡些）。贝尔佐尼失望地发现，中世纪阿拉伯人及更早的古代盗墓贼早已抢先一步，他只在墓室西头发现一具嵌入地面的素面抛光的红色花岗岩石棺，里面残存了少量动物骨骼。贝尔佐尼在墓室南墙上用灯炱写下了他的名字和他进入墓室的日期，在他发现的入口上的石灰石块上也写下了同样的信息。又过了好几年后，更低的通道自里而外清理出来，从而发现了位于外围道路边沿的入口。

哈夫拉金字塔（周静怡提供）

狮身人面像

狮身人面像是哈夫拉丧葬建筑群不可分割的一部分，显然是利用建造胡夫金字塔后剩余的本地石灰石岩体雕刻而成的。这是一头蹲伏状的人首狮子，代表太阳神拉在黎明时分从东方升起时的形象。最近一些荒谬的理论宣称狮身人面像比金字塔要早几千年，这是一种毫无根据的幻想。它的脸被认为代表哈夫拉，因此，这也是已知最古老的巨型王室肖像。

狮身人面像（引自李建群《古代埃及和美索不达米亚美术》）

53

狮身人面像高约 66 英尺（约 20 米）、长约 240 英尺（约 73 米）。在过去 4500 年的大部分时间里，它都是被埋在沙子里的。一座位于狮身人面像胸前的大型石碑记录到：公元前 1419 年，年轻的王子图特摩斯（后来的图特摩斯四世）清除了淹没石像的沙子。近年来，由于不再受覆盖其上的沙子的保护，雕像遭到非常明显的破坏，尤其是受到了地下水上升的影响。1988 年 2 月，一大块重达 30 千克的石头从它的右肩脱落。随后工作人员进行了修复，并启动了狮身人面像的全面记录和保护工作。

吉萨墓地的建设最终将在哈夫拉的儿子孟卡拉（Mycerinus）手里完成，他大约在公元前 2532 年登上王位。

孟卡拉

孟卡拉大约在公元前 2532 年继承了父亲的王位。相传，孟卡拉仁德的统治是对诸神的冒犯。神灵曾裁定埃及将会遭受 150 年的苦难，这在胡夫和哈夫拉统治时期确实很明显，这两位国王在修建他们的金字塔时都极为严苛，而相反，孟卡拉采取了更温和的方式（这在他的肖像中似乎也有反映）。他重新开放神庙，并废除许多前任统治者的高压政策，这显然是对诸神决定的藐视，神灵通过布陀（一座位于三角洲的古城，守护女神是瓦吉特）的神谕裁定孟卡拉只能再统治 6 年，之后高压统治会卷土重来。孟卡拉认为这是毫无根据的非难，并决心克服它。他下令，当夜幕降临的时候，将蜡烛点燃，他便可以日夜延续生命，理论上可将统治从 6 年延长到 12 年。然而，神是不会被忤逆的：传说孟卡拉在神规定的六年之期后便去世了。

曼涅托认为孟卡拉统治了 63 年。而现在，我们认为他在位 28 年——这原本足以让他建设一个比现在这座金字塔大得多的建筑，但他却没有这么做。他的金字塔即所谓的第三金字塔，原始高度为 228 英尺（约 70 米），现在仅剩 204 英尺（约 62 米），在高度上连胡夫的大金字塔的一半都不到。这么小的规模激起了许多评论家的讨论，他们提出了很多种解释，最有可能的原因是内部政治问题，也可能是因为他的祖父和父亲大规模建造金字塔导致了人力等资源方面的紧张。

吉萨第三金字塔

尽管传统学者一致认为吉萨第三金字塔是孟卡拉的，但是直到19世纪早期才最终确认，1837—1838年克罗内尔·霍华德·维斯（Colonel Howard Vyse）在孟卡拉金字塔的一座附属金字塔的顶板上，发现了用红色赭石书写的国王名字，这座附属金字塔是三座王后金字塔中的一座。

金字塔底层的外壳用的是红色阿斯旺花岗岩，大部分都得以保存至今。上部则是白色的图拉石灰岩，与底部形成了鲜明的对比。尽管该金字塔最终只有228英尺（约70米）高，但这还是扩建后的高度，因为最初只设计了100英尺（约30米）高。最开始的计划是在北面略高于地面处设置一处入口通道，但是当该建筑扩建到现在的规模时，入口被盖住了。因此又在北面重新做了一个入口，原先打算做成墓室的区域仅仅只作为前厅。

当维斯（Vyse）进入墓室时，他发现墙边有一具没有刻名字且无盖的玄武岩石棺，雕刻了古王国早期风格的宫殿外观样式。内部是木制的人形棺，其上有孟卡拉的卡吐什。木棺的形状并不是古王国时期的长方形样式。因此，木棺和石棺肯定在公元前6世纪晚期到前5世纪的赛伊斯王朝时期得到了虔诚的修复。这两件物品都计划用船运到大英博物馆。幸运的是，它们分别用两艘船运输，木棺顺利送达，但是载着石棺的那艘船于1838年离开里窝那（Leghorn）后不久便遭遇风暴沉没了。近年来，试图运用先进的科技设备寻找这艘船之在所，但都以失败告终。

从1905年到1927年，以乔治·A.赖斯纳（George A. Reisner）为首的哈佛大学、波士顿博物馆联合考古队在金字塔遗址区开展考古工作，清理了河谷庙和葬祭庙。赖斯纳在河谷庙中发现了一些相当非凡的板岩雕像，其中包括了精美的三人（孟卡拉和相伴的女神哈索尔及诺姆神）雕像，其中哈索尔与孟卡拉的王后哈梅勒涅布蒂二世（Khamerernebty Ⅱ）有相似的特征，还有一件精美的王与王后的双人雕像。奇怪的是，现存的孟卡拉雕像数量要比他第4王朝的前辈们多得多，但其金字塔的规模则要小很多。尽管具有古王国时期典型的超凡而近神的面相，但是从翘鼻和略呈球状的眼睛可以判断出它们是国王的肖像。现存有四个完整的国王与诺姆神站在一起的雕像，同时还有一些残块——或许所有的与诺姆相关的雕像都计划通过三人雕像的形式来表现。已完工雕像的工艺高超，但大多数雕像都是处于不同阶段的半成品，这也印证了孟卡拉突然死亡的传说。

孟卡拉夫妇像（引自李建群《古代埃及和美索不达米亚美术》）

孟卡拉的第一王后哈梅勒涅布蒂二世葬在孟卡拉金字塔的三座附属金字塔中较大的一座里。她那让人印象深刻的花岗岩石棺依然在墓室中。她是哈夫拉和哈梅勒涅布蒂一世的长女，而哈梅勒涅布蒂一世又是胡夫和一个不知名女王的女儿。显而易见的是，王族家庭通过非常强烈的血缘纽带联结在一起。

舍普塞斯卡夫

　　孟卡拉与哈梅勒涅布蒂二世的长子库恩拉（Khuenre）没有继承王位，可能因为他比父亲先去世。波士顿博物馆收藏了一件石质小雕像，展示了库恩拉王子以书写者的姿势蹲着，他的膝盖之间短裙张开，支撑着他的书写板，这成为了第 5 王朝王室书写者雕像的经典姿势。孟卡拉与一个无名王后的另一个儿子舍普塞斯卡夫登上王位。他只统治了短短的 4 年。在胡夫之后，第 4 王朝国王的命运发生了转折，开始迅速下滑直至王朝结束。这在舍普塞斯卡夫的纪念碑上表现得十分明显。他离开吉萨高原，回到了之前第 3 王朝的萨卡拉南部，建造了一座最奇特的墓葬。该墓被称为法老的马斯塔巴墓（法老的长凳），其最初的形状像是一具大型的矩形石棺，但现在大部分已经被破坏了。他同父异母的姐妹肯特卡维斯（孟卡拉与另一位无名女王的女儿）选择了相似风格的墓葬形式，但是她安葬在吉萨。她嫁给了乌塞尔卡夫，即下个王朝的首位国王。

第 5 王朝

　　保存在柏林博物馆的韦斯特卡纸草上记述了第 5 王朝国王的神圣诞生。这一故事可能是在第 12 王朝（距离这一事件发生超过 500 年之后）时期撰写出来的，并可能在喜克索斯王朝时期（约公元前 16 世纪）被书写在纸草上，这一文本致力于解释第 5 王朝建立的原因。该文本包括了由名叫杰蒂（Djedi）的胡夫宫廷巫师或助理祭司讲述的一系列故事。其中一个故事中，杰蒂提到拉维杰德特（Reweddjedet）女士（赫利奥波利斯的拉神大祭司的妻子）尚未出生的三个孩子将成为未来的国王，然而紧接着他又断定胡夫的儿子哈夫拉和孙子孟卡拉将会在这之前统治这个国家。有细节提到重要的女神包括伊西斯、奈弗提斯（Nephthys）、梅斯克奈特（Meskhenet）、赫克特（Heket）和造物神克努姆在拉维杰德特分娩时在一旁协助。第一个出生的是乌塞尔卡夫，"一个一腕尺长、硬骨头、四肢覆盖黄金、以真正的青金石为头饰的小孩"；第二个儿子萨胡拉、第三个儿子尼斐利尔卡拉生下来的情况与之类似。尽管有说法认为赫利奥波利斯是第 5 王朝的起源之地，但曼涅托仍然坚持认为第 5 王朝的起源地在象岛，而由于已知事实甚少，两种观点难以取舍。

乌塞尔卡夫

乌塞尔卡夫其实是拉杰德夫拉的孙子，而拉杰德夫拉是胡夫短命的继承人。乌塞尔卡夫的母亲是尼芙尔赫特普（Neferhetepes），父亲则不知是哪位，妻子是孟卡拉的女儿肯特卡维斯，因此胡夫的两派支系通过联姻又一次得以联合。有人指出拉维杰德特是肯特卡维斯的化名，如果属实则意味着执政王族并非像最初认为的那样有巨大的变化。

第 5 王朝的国王打破了第 4 王朝先辈在吉萨建造墓葬的传统，而把修建地点向南移，最初在萨卡拉——乌塞尔卡夫在乔塞尔墓围墙外东北角修建了他的墓葬。其特别之处在于它的葬祭庙位于金字塔的南侧而不是通常的东侧，或许是因为东侧地面不方便建设。但是，考虑到第 5 王朝乌塞尔卡夫和其继承人（太阳王）对太阳崇拜的高度重视，最可能的原因是葬祭庙位于金字塔的南侧，就可以一整天，得到太阳光的照射。从保存下来的装饰神庙墙壁的浮雕碎片可以了解到当时雕刻水平之高，特别是对一些鸟类的刻画。发现于神庙庭院的乌塞尔卡夫戴着内梅什头巾的头像令人印象深刻，它由粉红色花岗岩制成，远超过真人大小，仍是现存古王国时期最大的头像（如果不算狮身人面像的话）。整个建筑群已经被严重损毁，金字塔的内部也已无法进入。

阿布古罗布的太阳神庙

在萨卡拉再往南的阿布古罗布（Abu-Gurob），乌塞尔卡夫建立了他五座太阳神庙或圣殿中的第一座，这成为第 5 王朝早期王墓建筑的一大特征。在这个地处沙漠的偏远地方，乌塞尔卡夫用泥砖和石灰石建造了一座坚固的台基，在台基西部又建了一个更小的台基，其上竖立着一座矮的方尖碑（本本石），这是新王国时期高耸的方尖碑的前身。太阳祭坛位于方尖碑台基前，后来成为阿赫那吞新建的阿吞神庙的一大特征（公元前 14 世纪）。一条堤道向西北通往河谷庙，向南是泥砖砌筑的拉神之船。乌塞尔卡夫其他精美的雕刻头像就被发现于河谷庙，并已修复，这些雕像是用片岩雕刻而成，显示了他戴着红冠的形象。在紧邻乌塞尔卡夫太阳神庙西北处，他的继承者们陆续建起了一排神庙。这些神庙遗迹保存极差，现在已经变成沙漠里夹杂着石块的土堆。

乌塞尔卡夫头像（引自李建群《古代埃及和美索不达米亚美术》）

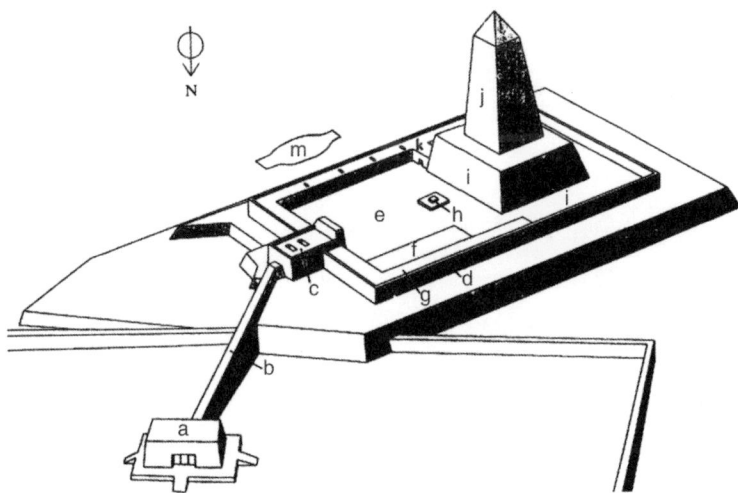

乌塞尔卡夫的太阳神庙复原图（引自刘文鹏《埃及考古学》）

从萨胡拉到杰德卡拉·伊塞西

再稍往南是尼斐利尔卡拉、纽塞拉和萨胡拉的金字塔建筑群，其中萨胡拉金字塔最大、保存最好。和第 5 王朝的其他金字塔相似，萨胡拉（第二位国王）的金字塔本身已经成了夹杂大量碎石的土堆，但仍可辨识出位于其东面的葬祭庙，而且还保留着通往屋顶或二层的台阶。葬祭庙的一大特征是华丽的红色花岗岩枣椰柱，以及深而醒目地刻着国王名字和头衔的巨型花岗岩石块。墙壁上装饰着精细琢刻的战斗、狩猎和远征的场景，但遗憾的是，现在除了收藏于博物馆里的一些零星残片，大部分都已被严重破坏，基本消失不存。以路德维格·博尔夏特为首的德国考古队对这些金字塔做过考古发掘，他们主持的金字塔复原工作重现了当年的辉煌，金字塔长长的堤道与农田边缘的河谷庙相连。

阿布西尔（Abusir）葬祭庙的浮雕中出现尼罗河边开展贸易的最早的图像证据。在萨胡拉建筑群中，巨大的船只上刻着埃及人和亚洲人的形象，学者认为这是一支贸易船队带着雪松从黎巴嫩比布鲁斯港返回的场景，这种场景成为后来神庙建筑的一个主要特点。在黎巴嫩发现了第 5 王朝国王曾在那出现过的确切证据，包括刻着国王卡吐什的容器残片，以及刻着萨胡拉名字的土耳其"多拉克宝藏"中一件薄的金质家具残片。广泛的贸易及对南部和近东地区的远征，似乎在下一个王朝更加盛行，但这可能仅仅是因为此时有保存更好的历史记录和文字档案。

第三个国王尼斐利尔卡拉首次开始使用第二种卡吐什，其中包含了他可能的出生名字卡凯。此后大多数国王似乎开始有了第二种卡吐什，但并不是所有的都已被发现。阿布西尔的尼斐利尔卡拉葬祭庙中保存了现存最早的僧侣体纸草文本，内容包括神庙账目、日常工作登记簿和设备清单。

返回萨卡拉

第 5 王朝的最后几位法老又将葬地迁回了萨卡拉。倒数第二位法老杰德卡拉·伊塞西葬在高地边缘，他的小金字塔如今已成为 80 英尺（约 24 米）高的碎石堆；杰德卡拉金字塔附近的葬祭庙在第二中间期遭到严重破坏，并在第 18 王朝时作为墓地使用。

1946 年，葬祭庙的发掘为论证该金字塔与杰德卡拉之间的关系提供了可能，因为前厅和墓室墙壁上的石块衬层被移走，黑色玄武岩石棺也被打碎，在金字塔内迄今尚未发现这位法老的名字。在葬祭庙遗存中发现了各类精美的浮雕残片，以及外国俘虏和各类动物的雕像碎片。20 世纪 50 年代发现的王后金字塔及附属的葬祭庙也有同样精美的装饰。

乌那斯

乌那斯是第 5 王朝的最后一位法老。其金字塔以碎石为内芯，坐落于萨卡拉的乔塞尔金字塔围墙的南部。即便经历了严重的破坏，乌那斯金字塔建筑群的基本格局仍然被保存了下来，包括位于沙漠边缘的河谷庙，从河谷庙伸出长长的堤道通向葬祭庙的东面和金字塔的北部入口，其中有一段堤道呈弯曲状。第一个进入该金字塔的现代人当属欧斯滕·马斯佩罗（Oaston Maspero）。1881 年，他率先发现金字塔内部有过装饰，前厅的墙面和墓室的多数墙面都发现了长篇文本，即"金字塔文"。

通往乌那斯金字塔堤道中的一小段已被恢复到原来的高度，顶部也封闭了，只留了一条可透光的小缝隙。墙上布满了浮雕，更让人联想到贵族的马斯塔巴墓，内容有正在进行的市场交易、鼓帆前行的船只、沙漠中的狩猎、沙漠生活的小片段等，最有意思的是可能发生于乌那斯统治时期的闹饥荒的场景。在堤道的南边有两个石块砌边的巨大船坑，但关于内部是否像胡夫船坑一样放置有真正的还是象征性的木船还存有争议。堤道叠压在一些早期墓葬上，这些墓葬及其装饰因此得以保存下来；不幸的是，在筑路时或之前这些墓多数被盗，遗物几无。

在乌那斯金字塔南边的外侧石块上发现一处铭文，记录了已倒塌金字塔的修复过程和王名的复原过程。这项工作是由第 19 王朝的卡埃姆瓦塞特（Khaemwaset）主持完成的，他是孟菲斯大祭司和拉美西斯二世诸多儿子中的一个，但早于拉美西斯二世去世。他大概可视为最早的文物保护学家。在 20 世纪 40 年代，这些散落于沙漠地表的铭文得到修复并重新安置在金字塔顶部。

乌那斯金字塔（引自刘文鹏《埃及考古学》）

乌那斯墓金字塔文（引自穆斯塔法·埃尔·埃米尔著，林幼琪译《埃及考古学》）

乌那斯看起来没有留下继承人，导致在他去世后一度引起政局不稳。然而，当特悌继位作为第 6 王朝的第一位法老时，这个问题显然得到了解决。

第 6 王朝

特悌

根据曼涅托的记载，第 6 王朝的国王来自孟菲斯，这一记载大致可从他们的墓地位于萨卡拉，并俯视首都孟菲斯这一事实中得到印证。特悌登上王位成为新王朝的第一位法老，看上去解决了乌那斯去世导致的古埃及君权和政治不稳定的问题。他通过和乌那斯的一个女儿伊普特（Iput）结婚而获得了正统性；并通过使用荷鲁斯名Seheteptawy（"他平定了两地"），来表示他再次实现了古埃及的政治统一。他向日益强大的贵族和地区精英阶层示好，将其女儿塞斯塞西特（Seshseshet）嫁给了维吉尔梅拉鲁卡(Mereruka)，其贵族墓葬紧靠特悌的金字塔，是特悌统治期间最著名的墓葬。

留存下来的曼涅托的著作都提到特悌的侍卫谋杀了他。虽然没有直接证据，但特悌的横死或可说明另一个国王乌塞尔卡拉的存在，他或许在特悌和他的儿子佩皮一世之间短暂地统治了一段时间。不管怎样，特悌似乎在位 12 年，期间他继续保持了与比布鲁斯和努比亚的商业往来。

除了朝向萨卡拉高原北部边缘的特悌金字塔，现在几乎没有关于特悌统治过的迹象，这座金字塔曾经有着精美的外壳，但如今已经成为夹杂碎石的土堆。入口照例位于金字塔北侧，通过入口可到达一个已严重损坏的墓室，其内刻有金字塔文，还保留下一具无盖的玄武岩石棺。1881 年发现的一具木制棺材现藏于开罗博物馆。虽然金字塔东面保存有葬祭庙遗迹，但是连接河谷庙和葬祭庙的堤道已经消失不见，河谷庙本身也还没有被找到。金字塔北部是特悌的两个皇后（伊普特和卡维特）的小型金字塔，现在已经覆盖在沙子之下。伊普特是下任国王佩皮一世的母亲，她的头盖骨在其金字塔的木制棺材中被发现（尽管其中很多的其他文物已被盗走）。

从佩皮一世到佩皮二世

特悌的儿子佩皮一世可能在很年轻的时候就继承了王位，因为他似乎在位约 50 年之久。大量这个时期的铭文记录显示，在佩皮一世统治下，宫廷之外贵族的影响力和财富不断增加。这些贵族开始在上埃及各地区为自己修建高等级墓葬，并且吹捧与国外的亲密关系和由此获得的特权。国王也面临其他问题，他的一个王后维瑞特·伊姆特斯（Weret Imtes），策划了不止一场谋反，但都失败了，该王后也得到应有的惩罚。尽管困难重重，佩皮一世还是发动了多次贸易远征，以为他的很多建筑工程提供好的石料。在埃及中部哈努布（Hatnub）的一处雪花石膏采石场发现了一篇铭文，据此推算出佩皮一世统治了 50 年，因为其中提到了第 25 次数牛（cattle-count），而这是两年举行一次的活动。

现代孟菲斯名字就来源于佩皮一世的丧葬建筑。他的金字塔被称为 Mn-nfr，（"佩皮"是著名且优秀的），经典作家根据这一头衔的变体创造出了孟菲斯这个名字。虽然在已倒塌墓室中幸存的文本片段仍具有很高的研究价值，但是这座位于南萨卡拉的金字塔本身已遭到严重破坏。

在上埃及希拉孔波利斯（尼垦）的神庙中，有两座著名的迄今最早的真人大小铜像。较大的是佩皮一世的跨步状立像，左手持长长的权杖，较小的雕像是他儿子麦然拉，在佩皮一世的右腿边。一件头戴王室内梅什头巾的小型绿石板雕像很好地展示了佩皮一世的特征，另一座小型石膏雕像展示了他手持象征王权的连枷和曲柄权杖（交叉于胸前），头戴高高的上埃及白色王冠。

佩皮一世娶了阿拜多斯的地方长官克胡伊（Khui）的两个女儿，令人困惑的是，这两个女儿有着同样的名字：安赫尼斯梅里拉（Ankhnesmerire）。其中一个生了麦然拉，另一个则生了佩皮二世。

麦然拉继承了他父亲的王位，大概只在位短短 5 年，在他之后，他的弟弟尼夫勒卡拉·佩皮二世（Neferkare Pepi II）登上王位。尽管佩皮二世继承哥哥王位时只有六岁，但是如同任何一个王室小孩一样，他从出生就是公认的统治者。其母亲安赫尼斯梅里

佩皮一世雕像（引自李建群《古代埃及和美索不达米亚美术》）

拉的一件石膏坐像颇引人注目，佩皮二世则坐在她腿上，就像一个成年男子一样头戴内梅什头巾；此外还有一座少年佩皮二世的裸体像，他双手放在膝盖上，戴着蛇形标记头巾。

佩皮二世结婚数次，其中比较重要的是与他父亲和安赫尼斯梅里拉一世所生的女儿奈斯（即他同父异母的姐妹）和与他的侄女（哥哥麦然拉的女儿）伊普维特（Ipwet，或称伊普特 Iput）的婚姻；至少还有另外两个地位较高的王后。他的统治时间在古埃及史上是最长的（如果我们确认对其统治时间的记录中没有混淆数字 64 和 94，因为 6 和 9 这两个数字在祭司体中非常相似），他的长期统治可能是古埃及国家权力衰落的部分原因。

　　越来越多的证据表明，在这一时间内，地方权力从孟菲斯分离出去。地方长官在其管辖范围内为自己开凿了巨大的、令人印象深刻的、装饰精美的墓葬，对位于北部的首都只保持表面的忠诚。国王赐予贵族的财富不仅耗尽了国库，而且抬高了贵族的地位，最终损害了自己利益。同时，古埃及对国外物品的巨大需求进一步加速了政治瓦解。

　　一些资料提到佩皮二世的继承人麦然拉二世（可能是佩皮二世和奈斯的儿子）及其继承者尼托克丽丝（Nitocris）女王（可能是麦然拉二世的妻子）。例如，曼涅托描述尼托克丽丝是"那个时代最高贵、最可爱的女人，皮肤白皙，脸颊红润"。没有考古证据可以证实她统治过古埃及，也没有证据证实希罗多德的传说——在她自杀之前，她通过诱骗使谋杀他哥哥（可能是特悌一世，因为他是被谋杀的国王）的凶手溺水，从而完成了复仇。

　　无论如何，随着公元前 2181 年第 6 王朝的灭亡，古王国就此结束。

王后篇

作者：乔伊斯·泰德斯利（Joyce Tyldesley）

译者：陈明辉

节选自 Chronicle of the Queens of Egypt，Thames & Hudson，2006

第 5 章　尼罗河的女王

　　本书旨在探索从前王朝时期到公元前 30 年克利奥帕特拉七世去世这一时间段内古埃及女王所扮演的角色。结合考古学和文献证据，讲述这么一个迷人的故事：一个关于政治和宗教权力的故事，关于血腥的战争、永恒的美丽、神圣和死亡的故事。其中包括各种各样的女性：女王、王后、鲜为人知的后宫女性，甚至还有少数几个女王克服了长期的传统和偏见，以女性国王的身份统治了古埃及。但是，如果不涉及个人魅力和个性，这个故事是否还值得讲述？仅通过关注古埃及王室家庭这样复杂机制的一个方面，来讲述"女性的历史"有何意义？

　　我坚信其中的意义重大。埃及学家一直都知道，国王或法老，凡人与神灵之间的联系，对埃及的生存至关重要。现在有越来越多的证据显示，王后作为半神性君主制的一部分，对国王的生存至关重要。没有一个国王是不结婚的。就像埃及总是需要一个国王，国王也总是需要妻子在他身边。像所有的埃及妇女一样，女王无论任何时候和任何情况都必须支持她的丈夫。通过了解更多关于女王配偶的宗教和政治职责，我们不仅可以加深对埃及王权思想的理解，还可以更好地认识王朝历史、王朝宗教和王朝生活的微妙性和复杂性。尽管一些关于女王身份的某些特定方面的优秀著作——最著名的是拉娜·特洛伊（Lana Troy）的开创性著作《古埃及神话和历史中女王地位的模式》——以及许多关于单个女王的书籍已经出版，但迄今为止，还没有一本专门介绍埃及女王的更全面的著作。这本书旨在填补这个空白，我希望它能吸引从学生到普通读者中所有对古埃及感兴趣的人。

该书分两个部分。如果不了解妇女在更广泛的社会中的作用，就不可能理解埃及女王，因此，第一部分导言中，首先说明了妻子和母亲在传统王室家庭中的权利和责任，然后着手介绍王室的具体例子。国王的角色也会进行详细的探讨，因为王后与她丈夫或儿子的关系，决定了她的地位。最后导言中思考了如何定义埃及女王这个关键问题。书的第二部分按照王朝更替的顺序记录了女王的情况，以及她们日益复杂的头衔、标记和随葬品。这不是一部完整的历史，正如年代表中表明的，我们关于这方面的知识存在缺环，尤其是在早期的王朝中。这也不是一段均衡的历史。有些女王很有代表性，而另一些可能同样重要，但我们只知道她的名字，不明确她的故事。不管怎样，这些都是引人入胜的故事。

已经有关于埃及女王的更详细的记录，总结了她们生活中最重要的方面。大多数女王的名字都有象形文字名或卡吐什，沃尔夫勒姆·格雷杰特兹奇（Wolfram Grajetzki）2005 年出版的《象形文字字典》中均有收录，对于那些对王室名字和头衔感兴趣的人来说，这是非常宝贵的工具书。如果没有名字或卡吐什，那是因为缺乏相关记载。

第6章　王室伴侣和女王

　　嫉妒的塞特神谋杀了他的兄弟奥西里斯王，并把他的尸体密封在一具涂铅的棺材里，然后扔进了尼罗河。塞特希望所有人都忘记奥西里斯，这样他就可以代替哥哥统治埃及，但他低估了奥西里斯的妻子伊西斯王后的勇气和决心。伊西斯找到了奥西里斯的棺材，带回埃及埋葬。后来，塞特把奥西里斯的尸体砍成碎片，她又变成了一只巨鸟寻找丈夫的遗体。伊西斯用她的魔法力量，让奥西里斯重获生命。9个月后，她生下了他的儿子荷鲁斯。奥西里斯去统治冥界时，伊西斯保护着她的儿子，直到他长大并夺回本来属于他的王位。

　　这是一则重要的关于伊西斯和奥西里斯的古老神话。它不仅解释了在世的荷鲁斯王和他死去的父亲奥西里斯王之间的关系，还向我们介绍了伊西斯——完美的埃及女王的榜样。没有其他材料能如此清楚地阐释女王的角色。通过分析伊西斯的行为，我们可以看到，理想的埃及女王有能力生育将来可以继承王位的王子。在一般情况下，女王默默地在背后支持丈夫的工作，低调地处理家务。但是，如果情况特殊，她必须能够独立行动，用她的智慧代表丈夫，保护孩子。这些事实上是所有埃及妻子的责任和权利，但是她丈夫的半神属性使埃及女王有别于其他女性。所以，在了解女王的角色之前，我们有必要首先了解埃及女性的角色。

家庭生活

　　得益于宽阔的河流和肥沃的土地，古埃及堪称古代世界上最富有的国家：仓库里堆满了粮食，有丰富鱼类、禽类、猎物和牲畜，还有充足的土地、石头和黄金。当尼罗河正常运作时，每年一次的洪水淹没了田地，给炙热的土壤带来了急需的水分，没有人会挨饿。外国人则被迫生活在干燥的、充满石块的土地上，只能暗自羡慕埃及人的好运，而埃及人对那些生活在国界之外的人们只有怜悯和蔑视。

然而，即使在埃及，事情也远非完美。莫名其妙的疾病，工作场所的事故，以及生育的危险加在一起，使得人生充满变数。没有适当的医疗护理，没有对卫生或人体的真正了解，看似无害的疾病，如牙痛或腹泻，都可能导致死亡。那些幸运地度过童年的人大概可以活到 40 岁，超过这个年龄就是额外奖励了。

富人的生活条件优越且更长寿，他们在道义上有责任为孤儿和弱势群体提供生活保障，但没有官方的福利计划来保护不幸者、无能者和穷人。在困难时期，养儿可以防老，而且可以保证死去的父母至少在不久的将来可以得到安葬。

家庭被认为是非常重要的。不管是平民、国王还是神，都应该结婚。女孩教育的第一要务是成为好的妻子和母亲。一个没有妻子的男人被认为是不成熟和不完整的，还在上学的男孩会被建议早点结婚，尽可能多地生孩子。新王国的书吏安尼（Ani）记载道："在你还年轻的时候娶一个妻子，这样她就可以给你生一个儿子：她应该在你还年轻的时候为你生孩子，这是好事。"同性恋一定存在过，所有社会都存在，但很少被提及。

在这方面，埃及和其他前工业社会没有太大的不同。婚姻是一种实用的纽带，旨在创造可靠的经济单位；孩子是一种投资，是赡养老年父母的保证。孩子们注定要追随父母的脚步，男孩由他们的父亲和叔叔们进行行业和职业方面的训练，而女孩们则留在家里学习家务技能。他们在十几岁的时候就会结婚——表亲婚和叔侄女婚很常见——然后整个循环又会重新开始。

埃及与其他社会显著的不同之处是赋予妇女——不管已婚还是未婚——更多的权利。在大多数古代和许多现代文化中，甚至直到最近"先进的"西方世界，妇女并不被认为是社会的正式成员。在埃及，社会地位相当的男女在法律上是平等的。这意味着妇女可以拥有、购买、出售、挣钱和继承财产。她们可以在没有男性监护人的情况下生活，也可以在丧偶或离婚时独自照顾孩子。她们可以在法庭提起诉讼，也可以接受惩罚。她们还可以代表丈夫做生意。这种自由，这种被许多社会视为自然秩序的矛盾，吸引了那些在王朝时代末期来到埃及的古典时期游客。希罗多德向希腊读者展示了这个最不寻常的国家：

这里的人的大多数行为和习惯完全颠倒了人类的习惯做法，例如，妇女逛市场和做交易，而男人坐在家里织布；妇女用肩膀扛东西，而男人则用背来背；女人站着小便，男人则坐着……

我们只能推测为什么埃及给予妇女这么多的权利。事实上，更好的问题是为什么其他社会认为有必要采取相反的方式。对于这一问题没有明确的答案，可能是因为只有埃及食物、土地和资源充足，或者严格的社会等级制度规定国王最终拥有所有东西，使得任何限制都没有了必要。

家庭主妇

现代读者很难真正理解古埃及家庭生活的细微差别。然而，如果认为法律上的平等地位允许已婚夫妇过相同或相似的生活，那就太天真了。丈夫和妻子是互补但相反的角色，这种性别的分工很好理解，在艺术传统中也得到了明确的体现，与希罗多德的观察形成了鲜明的对比，艺术传统中把女人描绘成白皮肤的"室内"人，而男人则是棕皮肤的"室外"人。在古埃及的雕塑中，男人们几乎总是跨步向前，而他们的妻子则静静地站在他们身边，或者稍微站在身后。

在完美的家庭中，作为家庭女主人的妻子负责所有的内部事务，包括抚养孩子、管理家务。完成这项工作后，如果她愿意并且有空，她可以自由地出去工作，不管是有偿还是自愿。许多贫穷妇女通过与丈夫一起工作，或从事自己的小活计和向邻居出售多余的物品（面包、啤酒等），从而为家庭收入做出了自己的贡献。许多富有的女人，由于仆人的存在而从家务中解放出来，因为不用像那些不那么幸运的姐妹们一样背负沉重的负担，她们会去当地的寺庙从事没有报酬的女祭司的工作，通过音乐、舞蹈和歌曲为神服务。与此同时，丈夫们负责外部事务，从事室外工作，更多地与外界联络。

已婚夫妇相互扶持，但男方作为主导者，在工资收入方面发挥着明显更大的作用，而在 3000 年的王室雕塑中，女方始终如一地用一只手臂紧紧地搂着丈夫的腰或肩膀表示支持。

照顾孩子、做饭和打扫卫生是重要的工作，但在考古学中很少留下印记，文字记录也极少涉及。因此，埃及的妇女往往隐藏在男性身后，男性享有声望的职位使他们的成就得以被记录在纸莎草纸和石质墓壁上。这种证据的偏差甚至在王室家庭中也很明显，国王在确定官方文本的内容和正式艺术品的主题时，会有效地根据需求选择性地披露关于女王的内容。更糟糕的是，可以帮助我们更好地了解女性生活的居住遗址很少。埃及人用泥砖建造城镇，用石头建筑神庙和墓葬。几千年过去，泥砖建造的宫殿和房屋早已倒塌，变为平地，成为后来建筑的基础，或者化为泥土，直到最近，这些泥土还经常作为肥料撒在田地里。只有少数居住遗址幸存下来，要么是因为它们建在特殊位置，要么是因为它们是用石头建造的。这是一个奇怪的讽刺，新王国偏僻的工人村庄代尔埃尔 – 麦地那（deir el-medina）或多或少地保存了一些简陋的房子，而同时期宏伟的、大规模的泥砖宫殿，粉刷精细、装饰精美，在明亮的阳光下熠熠生辉，但如今往往只有地基被保存下来。

王室家庭

王室家庭表面上和其他家庭一样，国王处理外部事务，而王后主要忙于家庭事务，并在必要时支持他的工作。将孩子抚养成人，是为了履行其职责，男孩是未来的国王，女孩则是潜在的王后。然而，王室家庭有着几点不同于一般家庭的非常重要的特点。所有这些差异都直接源于国王的身份。

埃及国王是暂居凡间的半神。他们是作为凡人的母亲生下来的凡人，但他在加冕的那一刻便获得了神性，居于臣民和神灵之间，是唯一能与神交流的人，理论上也是唯一能在神庙里献祭的人。死后他将变成一个真正的神，与冥界之王奥西里斯融为一体，与其他神灵并列。但是，活着的时候他必须为众神服务，其中主要的工作是提供玛阿特（maat）。

玛阿特这个概念在英语中无法直译，它是"正确""公正""真理""秩序""不变"和"现状"的结合。它的对立面是混沌（或 isfet），这对我们来说更容易理解。玛阿特被赋予了女神的形象，她是太阳神美丽的、永远年轻的女儿，我们可以根据头上戴着的代表真理的羽冠辨别出她来。许多场景显示，国王与玛阿特一并站着，或是向神灵奉献蹲坐姿势的微型玛阿特像。由于玛阿特和王后都是国王忠实的女性伴侣，所以她们的角色、职责甚至外表往往有些含混不清。

为了维持玛阿特，国王坚持遵守从史前时代就被证明有效的规则。他的角色是实用和仪式的结合，埃及人认为这是一种相同的责任，但我们今天看到的是三种不同的职责：司法的负责人、行政的负责人和神庙的负责人。国王遵循早已存在的职责，主持神庙和法庭事务，抵御敌人（包括外部的外敌和内部的罪犯），他们是造成混沌的力量。国王由此确保了埃及的正常运转，确保了玛阿特得到保护，也确保了众神的幸福。

埃及人与生俱来的保守主义，就是源于保护玛阿特的强烈需求。任何对传统的偏离都是潜在的危险——谁知道哪些看似无害的变化会打破这种平衡呢？因此，人们对王权和女王身份的看法尽管会发生变化，但变化相当缓慢。这种保守主义在艺术作品中表现得尤为明显，文字（象形文字）是用图画表示的，图画通常可以作为文字或句子来阅读。用来装饰墓葬和神庙墙壁的官方艺术并不会轻易发生变化，因此，在某种程度上，古王国的王后与托勒密时期的王后看上去并没有太大不同。

王的配偶

我们如何定义女王？在现代社会，女王可以是国王的妻子，也可以执政。在古埃及，所有的王室头衔都强调个人与国王的关系，而女王的头衔则是自定义的。王后——赫米特－乃苏（Hemet–nesu）直译为"国王的妻子"——是嫁给了王的女性。但是，由于所有的埃及国王都是多妻的，所以王后也包括不止一个女性，她们有着不同的职责和预期。

在埃及的王后中，最重要的是那些在政治和宗教事务中扮演官方角色的女性。这些女性与其他王后的区别在于她们日益多样化的头衔（本书中只涉及最相关的头衔）——最普遍的是从第 12 王朝开始使用的"国王的伟大的妻子"，以及越来越复杂的王冠。作为君主政体中最基本的女性因素和半神的配偶，她本身就是宗教和政治权力的来源。她是核心王室家庭的母亲，女王的形象出现在所有的官方文件和艺术作品中。如果顺利，她最终将成为下一位"国王的母亲"，因为所有的头衔都是累积的，头衔的数量越多，地位也越高。她甚至可能代表去世的丈夫或年幼的儿子统治埃及。然而，如果不顺利，女王将被迫提前退位，因为另一个女性的孩子会成为下一任国王。

国王通常是世袭的，虽然偶有例外。他的配偶由他自己挑选，或者有人为他挑选。至于是如何、何时、由谁选定的，我们无从得知，但鉴于职责的范围和重要性，做出这一选择并非易事。理想的女王当然是王室成员，并从出生起就要求了解自己的角色。所以，兄妹婚或半兄妹婚在王室中很常见。这种乱伦的婚姻，使早期的埃及学家大为震惊，对古人来说却是司空见惯。他们要确保女王受过良好的训练，对丈夫和孩子忠诚，因此会从王室成员中给未婚的王室公主寻找合适的丈夫（古王国和中王国时期，公主可以嫁给直系王室之外的成员，但这一传统到新王国时期结束了），目的是通过限制王孙的数量来有效地减少法律上王位继承者的人数。他们甚至给神灵也建立起相似的联系，如伊西斯和奥西里斯、塞特和奈弗蒂斯、盖布和纳特、舒和泰夫努特都是兄妹婚，尽管部分是由于时间太早而缺乏无血缘关系的婚姻伴侣。

然而，兄妹通婚并不是强制性的，平民出身的第 18 王朝王后提伊（Tiy）和娜芙提提（Nefertiti）证明了非王室王后也是可以被接受的。直到王朝末期，在王室之外也没有发现这种乱伦婚姻。埃及的亲属关系术语很少（只有父亲、母亲、兄弟、姐妹、儿子、女儿这几种），而且这些术语应用得相当宽泛，以至于"姐妹"可以用来描述兄弟姐妹、妻子或情人，这让许多早期的埃及学家感到困惑。

与兄妹婚相比，较为少见、也更为复杂的是父女婚，这是阿蒙霍特普三世（Amenhotep Ⅲ）和拉美西斯二世（Ramesses Ⅱ）漫长统治时期的特征。在这些婚姻中，只有一桩可能生育了后代（拉美西斯二世的女儿宾塔纳斯所生的女儿）。因此，我们必须质疑这些婚姻在多大程度上是真正的婚姻。国王的伟大妻子真的就像她的名字所暗示的那样吗？或者，它有时可能是一个仪式上的头衔，也许是用来授予一个无法结婚的公主特定的地位和独立的财富？重要的是，我们不能让现代的道德偏见干扰我们的判断，但这些婚姻会不会只是一种年迈的国王用成年女儿来代理行使其年迈母亲职责的权宜之计呢？甚至可能是一个用来让女儿获得更高地位的策略？在少数类似的情况下，母亲也会充当儿子的配偶（例如阿蒙霍特普一世统治后期），没有人认为这是乱伦。

后宫

国王的其他妻子隐藏在王后的身后，她们默默无闻地待在后宫，在王朝出现危机的时候，可能会被召唤出来，成为下一任国王的母亲。埃及的后宫是著名的经济独立机构和女性为主的社区，专门用来居住国王的所有亲属——姐妹、阿姨、死去的父亲留下来的女性——加上孩子和仆人。现在主要关注国王的妻子们。

从很早的时候起，埃及的国王就实行一夫多妻制，在这方面，他们既不同于神，也不同于平民，一大多妻制为他们提供了特别的优势。它强调了国王的财富，因为只有富人能承担众多妻子和孩子的花销，当然，除非打发他们去工作。它强调了他与人民的不同，他能够同时建立一系列外交联盟。它还可以确保如果正妻（great wife）不幸不能生育继承人，还有大量的出身高贵和训练有素的男孩能继承父亲的位置。然而，这一制度也有弊端。如果同一等级的不同妻子所生的儿子过多，不但无法起到维护继承权的作用，反而会造成混乱，同时有野心的妻子们也会给国王带来危险。

虽然所有的后宫妻子都是王后，但她们的地位绝不平等。有些是国王的女儿或姐妹，有些是作为外交婚姻嫁到埃及的外国公主，以及和现代人带有贬低意味的小妾或者情妇类似的这一类出生不那么高贵且不可能在国家事务中发挥多大作用的女性。后宫的隐秘生活与丈夫的公开生活大不相同，我们只能猜测，当更年轻、决心更坚定的妻子们为了吸引国王的注意力而相互竞争时，她们之间肯定会存在紧张关系。由于没有官职要履行，也没有私人财产要管理，后宫的妻子对政治或宗教生活几乎没有影响。她们很少出现在我们的故事中，今天她们的名字和墓葬几乎都被遗忘了。但偶尔，在国家虚弱的时候，她们能够从后台走出，扭转国家发展的局势。

女王

我们对王后——作为国王的妻子或遗孀的定义不能涵盖那些统治古埃及的女性，就像英格兰女王伊丽莎白一世和二世一样，这些妇女自称为埃及的国王，并拥有完整的国王头衔。尽管她们会强调女法老和王后之间的区别，但是索贝克涅芙鲁（Sobeknefru）、哈特谢普苏特（Hatshepsut）和塔沃斯瑞特（Tawosret）一开始都是传统意义上的国王的女儿或妻子，因此也将被包括在本书研究范畴中。

研究女王

第一批研究埃及女王的历史学家往往带着许多先入之见。那些在古埃及王朝时代末期访问过埃及的古典作家一直热衷于将埃及女性包括王后归为声名狼籍、水性杨花之人，与他们（理论上）贞洁的妻子和姐妹完全不同。这种观念在公众的印象中根深蒂固。从一百多年前开始，19 世纪末 20 世纪初的埃及学家对王后就不那么感兴趣，视其为国王的无关紧要的附属。

然而，这些早期埃及古物学家确实提出了一个值得注意的观点。由于对非洲母系关系不甚了解，"女继承人理论"认为埃及的王权是通过女性继承的，国王只能通过娶女继承人来继承王位，而女继承人往往是他的姐妹。这为乱伦的行为提供了一个简便的、几乎可以接受的解释。和许多关于古埃及的早期理论一样，女继承人理论一直没有得到检验和挑战，直到 20 世纪下半叶，埃及学家芭芭拉·默茨（Barbara Mertz）和盖伊·罗宾斯（Gay Robins）各自独立地指出了它最明显的缺陷：并非所有埃及国王都娶了自己的姐妹。今天人们认识到，尽管兄妹婚在许多方面是理想的，但绝不是必不可少的。女继承人理论只存在于一些更早出版的文献中，在本书中不值一提。

最近，人们意识到，我们严重低估了国王配偶所扮演的复杂的、多层次的角色。她最明显的责任是支持丈夫和生儿育女，这很好理解，但即使是这些最实际的职责按照现在的观念也难以分类。生育子女的责任仅仅是一种实际需要吗？或者，允许半神的国王重生为潜在的神圣之子也是一种宗教责任？答案当然是两者兼而有之。埃及人乐于接受对同一现象或同一个人的多种解释，如果想理解他们的社会，我们就必须采取他们的思维方式，摒弃现代的冷嘲热讽和基于希腊的非此即彼的逻辑传统。

我们很难确定女王角色中更为隐秘的"宗教"元素，尽管一些明确的头衔属于更晚的女王（"上帝之妻"，上帝之手），这些头衔暗示了一种责任，即在召唤男性神灵的仪式中提供必要的女性元素。很明显，女王的宗教职责远远不只是观察或参加日常仪式。就像埃及国王在众神面前代表所有凡人一样，他可以在他的臣民面前代表所有的或其中一个神，同样，他的王后可以代表所有的女人，也可以代表所有的或其中一个女神。

埃及女王迅速成为王室的重要女性元素，国王和王后在一起形成无与伦比的伴侣关系，可以服务神灵、统治埃及和平息混乱。与此同时，国王的妻子和国王的母亲，都是神圣王权的拥有者和支持者，形成了亲密的关系。神学随着王朝时代的发展而发展，新王国阿玛纳时期尤为明显。在缺乏任何真正的科学理解的情况下，是神学帮助古埃及人理解世界的。

第 7 章　最早的王后：早王朝时期

对于古埃及女性来说，公元前 5500 年左右农业的出现和随后的村落生活可谓是喜忧参半：新的生计方式提高了女性的生育能力，导致她们每年都有怀孕的可能。生育的孩子越来越多，做家务也逐渐成了一项全职工作，似乎正是在这个时候，埃及人开始形成"女主内"的思维定式。

相传在公元前 4 千纪晚期，武士美尼斯加冕为上、下埃及之王。考古证据显示，来自上埃及的武士那尔迈联合了埃及各城邦，成为第 1 王朝的第一位国王。妻子奈斯霍特普（Neithhotep）是早王朝时期中第一个拥有奈斯（Neith）头衔的王后。奈斯是古老的狩猎女神和编织女神。她还有"两土地的配偶"这一头衔，成为后来第 2 王朝王后的"国王的妻子""国王的母亲"这类头衔的先驱。

第 1 王朝的第三位国王哲尔在阿拜多斯墓地有一处墓葬，包括数百个属于他的后宫和随从的陪葬墓。他的妻子赫尔奈斯（Herneith）有一座单独的墓葬，规模远远小于其继任者美丽奈斯（Meritneith）王墓级别的墓葬。美丽奈斯在危难之际代理丈夫或儿子摄政，为王室女性树立了一个重要的榜样。

在埃及南部希拉孔波利斯（Hierakonpolis）的荷鲁斯神庙（Temple of Horus）中发现一件涅伽达三期（Naqada Ⅲ）的礼仪调色板（现收藏于开罗博物馆），是那尔迈（King Narmer）凯旋之际用来庆祝他的胜利的。在调色板的一面，我们看到那尔迈戴着代表上埃及国王的白色王冠，高举权杖，砸向跪在他脚下的敌人的头。在背面，我们看到他戴着代表下埃及国王的红色王冠，与军队一起视察被斩首的战俘。在那尔迈上方的高空，一个长着犄角和牛耳的女人正在关注着这一切。她是巴特神（Bat），哈索尔女神的早期形象。即使在埃及历史的早期阶段，很明显那尔迈统治的国家发展出发达的国王肖像艺术。

在希拉孔波利斯神庙发现的第二件礼仪用品的内涵就不那么清楚了。那尔迈权杖头（现藏于牛津阿什莫尔博物馆）展示了国王身着仪式斗篷、头戴红色王冠，端坐于高起的亭子或帐篷里。一只大秃鹫趴伏在亭子上方，保护着国王。在亭子周围，有俘虏、扛着旗帜的士兵、提凉鞋的人、动物、神庙或神龛，以及希拉孔波利斯神圣围场的示意图。靠近亭子的地方有一个坐在轿椅里遮盖着的、特征不显、性别不明的人。早期的埃及学家认为这是表现婚礼的场景。古埃及人很少提及他们的婚礼，如果确实，那这次婚姻的重要性一定非同一般。那尔迈作为一个南方的国王，必然是使用了武力完成统一，然后娶了他击败了的北方敌人的一个女儿来巩固他的地位。

人们从那尔迈妻子的名字奈斯霍特普中寻找婚礼理论的证据。该名字的字面意思是"奈斯女神所满意的"。有人认为只有北方的女性才会以三角洲女神奈斯来起名，这种观点尽管巧妙，却经不起推敲。奈斯与王后有着紧密的联系，许多埃及早期王朝的女王名字中都有奈斯这个词。事实上，奈斯霍特普葬在涅伽达，表明她更有可能是当地涅伽达酋长或国王的女儿。另一种更容易被人接受的解释是，那尔迈是在遮盖着的神灵面前庆祝他的赫卜塞德节或周年纪念。

第 1 王朝

大墓

1897 年，雅克·多·摩根（Jacques do Morgan）在涅伽达村（Naqada village）外约 2 英里（约 3.2 千米）处，清理了一座第 1 王朝的墓葬。这座墓葬相当壮观，以至于立刻得到"大墓"（Great Tomb）的名号，有人认为可能是传说中的美尼斯国王（King Menes）的墓葬。从墓葬外表看，这是一座典型的马斯塔巴墓。但是这座墓葬没有地下墓坑，而是在上层建筑中构筑了一处地面墓室，周边环绕有储藏室。上层建筑规模极大，达到 177 英尺 ×88 英尺（约 54 米 ×27 米），外墙为泥砖砌筑，呈现出凹壁式宫殿外观风格，整个墓葬建筑围绕着厚厚的围墙。这座墓葬在古代就已遭到盗掘，仅出土一些化妆品、石质器皿、象牙标签和印蜕，其上刻着那尔迈、其儿子及继任者阿哈，以及奈斯霍特普本人的名字。1904 年，约翰·加斯唐（John Garstang）对这座墓葬进行了重新清理。当时，它已遭受严重的侵蚀，不久就彻底消失了。

在阿拜多斯和赫尔万（Helwan）发现了更多关于奈斯霍特普的信息。她被称为国王的妻子或国王的母亲，这类头衔在第 2 王朝以前算是首次出现。在阿拜多斯的哲尔墓中出土了一件象牙盖，其上的铭文称她是两土地的配偶，这个名号在古代可能表示"王后"的意思。仅在其中一件印章（对应有多个印蜕）上，她的名字出现在长方形的塞瑞克（王名圈）中，这个圈代表早王朝时期宫殿的入口，埃及最早的国王的名字都以塞瑞克的形式表示。塞瑞克之上一般是象征荷鲁斯的鹰隼，但在奈斯霍特普的塞瑞克上则是象征女神奈斯的一对交叉的箭。根据这些证据，人们普遍认为奈斯霍特普是一位王后，她比她的丈夫那尔迈长寿，并被她的儿子阿哈埋葬在大墓里。一些学者会进一步根据王名圈及超大规模墓葬的存在来论证奈斯霍特普曾代表年幼的阿哈统治过古埃及。

贝内利布和肯萨普

奈斯霍特普已经被初步认定为那尔迈的妻子和阿哈的母亲。但也有另一种解释，即奈斯霍特普是阿哈的王后，并在继任的哲尔当政时期摄政，但这一解释不那么令人信服，因为贝内利布（Benerib）的名字多次出现在阿哈的名字旁边，因此比较可能是阿哈的王后。然而，哲尔的母亲不是贝内利布，而是不为人知的肯萨普（Khenthap），她的名字在古王国时期的开罗年表上出现过。因为国王很可能是前任国王的儿子，所以她可能也是阿哈的王后。

赫尔奈斯

1900 年，弗林德斯·皮特里（Flinders Petrie）调查了阿哈的继任者、国王哲尔（King Djer）在阿拜多斯的墓葬，在其中发现了一只用亚麻布包裹的断臂，其上戴着四个镶嵌有绿松石、紫水晶、青金石和金珠的金手镯。这只手臂应该是被藏在了墓葬的台阶后面，而幸运地免于被盗。皮特里根据这些手镯认为这只手臂属于哲尔的王后，而不是哲尔，但这一观点还不是定论。正如皮特里所说：

"当奎贝尔（英国考古学家、那尔迈调色板的发现者）代表开罗博物馆来的时候，我把手镯给他，请他上交。那只手臂——已知的最古老的木乃伊遗存——及其精美绝伦的亚麻织物也被送到了博物馆（时任馆长埃米尔·布鲁奇），但博物馆只关心展览，他们把其中一只金手镯中用金线编织而成的一半剪掉，又丢掉了手臂和细麻布。博物馆是一个危险的地方。"

哲尔的墓葬里有女性遗骸，包括一个头骨。然而，间接证据表明，这不是哲尔的配偶赫尔奈斯（Herneith），她和其他早期王朝的王后一样，显然是与她的丈夫分开埋葬的。

大家暂时认定位于萨卡拉北部的一座大墓（S3507）是赫尔奈斯之墓，该墓所在的墓地曾埋葬了附近行政中心"白城"（孟菲斯）的高等级贵族。早王朝时期，萨卡拉墓地的墓主人建造了马斯塔巴墓，这实际上是一些贮藏室，用来存放墓主可能需要的所有物品。这些墓葬给人留下了深刻的印象，以至于发掘人员最初以为是王墓。直到后来才知道，第 1 王朝的所有国王和第 2 王朝的一些国王都葬在阿拜多斯的乌鲁卡伯墓地。从 S3507 号墓的花瓶上发现了哲尔的名字，其中还发现了带有哲尔的继任者登（赫尔奈斯之子）和第 1 王朝最后一位国王卡阿名字的印玺。

从外表看，S3507 号墓是传统的泥砖马斯塔巴墓，但是在长方形的上层建筑内，隐藏着一个金字塔状的土墩，其表面由泥砖砌筑。封土是南方的习俗，马斯塔巴是北方的风格。赫尔奈斯墓中所见的两种墓葬风格是否暗示了上埃及和下埃及之间的融合，或是一种快速发展的丧葬传统的反映，亦或是向金字塔发展的一种尝试。

美丽奈斯

在阿拜多斯男性王墓中有一座独一无二的女性墓葬，即美丽奈斯（Meritneith）的

Y 号墓，这座墓至少有 40 座陪葬墓，与邻近的王墓没有什么区别，尽管她的两块石碑上没有发现男性王墓一样的塞瑞克。埃及学家们忽视了这一反常现象，认为美丽奈斯是一位男性国王（Merneit），直到后来发现她有一个女性名字（"奈斯的挚爱"），大家才意识到美丽奈斯是一位有影响力的王后。

美丽奈斯在多件印蜕和刻字碗上留下了一些复杂的考古线索，把她与国王哲尔、杰特和登联系在一起。正如皮特里所说，她的墓葬里出土的印蜕很不寻常，因为没有一件上有她的名字，而有许多印着登的名字。从萨卡拉墓地（3503 号墓）的印蜕中可以看出她的名字写在塞瑞克中。她在新王国时期留下的古埃及王表中没有出现，但几乎可以肯定包括在帕勒莫石碑（第 5 王朝关于埃及最早期国王的记录）的破碎部分，她被称作王的母亲，而不是王。

我们该如何解释这一现象？美丽奈斯似乎可能是哲尔的女儿，嫁给了短命的国王杰特。在丈夫早逝之后，她代理年幼的儿子登统治了古埃及。登的统治时间相当长，为这一说法提供了间接的证据。他年幼时便继承了王位，共经历了两次赫卜塞德节（heb-sed jubilees），而他的母亲作为临时的埃及王，得到了与其他国王安葬在同一墓地的荣誉。

美丽奈斯，或许也可以包括之前的奈斯霍特普，树立了重要的先例。即妇女也有能力掌权，尽管只是暂时的。理想的王位继承方式是父（奥西里斯）传子（荷鲁斯），但埃及国王热衷于狩猎和战斗，易遭受死亡的威胁，女王很可能要在年轻的荷鲁斯统治前期提供帮助。对于选择女王作为摄政王，大多数现代社会会犹豫不决，但允许妻子而不是叔伯或兄弟代替死去的丈夫统治是传统逻辑的延伸。女王是最忠实于尚在褓褓中的国王的人，因为她通常是王室的一员，也受过良好的训练。无论如何，只有为数不多的男性监护人有指导年幼国王的能力。

王子

我们已经看到，王室利用兄妹婚作为减少王孙数量的有效手段。后宫也可能因此减少怀孕的次数。即便如此，在一个缺乏可靠避孕方法的年代，一个配偶很可能生育几个孩子。儿童的高死亡率意味着没有人能确定谁能最终继承王位，这时就需要有备用选择。但是，一旦继承者确定、新王加冕，这时就不再需要备选。前国王的女儿自动转变为国王的姐妹，或在许多情况下，成为国王的妻子，国王弟弟的角色是未知的，直到晚期我们只发现一个"国王的兄弟，国王的父亲"的头衔。似乎哥哥继承王位就自动将他的男性近亲排除在核心王室之外，核心王室实际上只包括国王和他的母亲、妻子、姐妹和孩子。在这个核心家庭里，国王的女儿们总是比她们的兄弟更加引人注目。

塞舍梅特卡、塞马特和塞勒索：第 1 王朝后期的女王

美丽奈斯是第 1 王朝最后一位杰出的王后。从阿拜多斯墓碑中得知登有四位可能的王后——塞舍梅特卡（Seshemetka）、塞马特（Semat）、塞勒索（Serethor）和一位不知名的女性，除了名字之外我们不知道关于她们的其他情况。塞麦尔凯特（Semerkhet）的母亲巴蒂瑞特斯（Batirytes）在开罗王表中被提及，但除此之外还是一个谜。

第 2 王朝

尼姆阿塔普

第 2 王朝的文献记载甚少。第 1 王朝和第 2 王朝的分裂似乎代表了统治家族的变化，权力中心暂时转移到北方，这可以解释为什么前 5 位国王放弃阿拜多斯王墓墓地而选择葬在萨卡拉。王朝末期有内乱的迹象，甚至是南北内战，最终促成倒数第二位国王帕里布森（Peribsen）的出现，这个国王摒弃了一个世纪以来将荷鲁斯置于塞瑞克之上的传统，而以塞特替换。帕里布森恢复了在阿拜多斯墓地埋葬的习俗，他的继任者，荷鲁斯国王哈塞海姆（Khasekhemwy）延续了这一习俗。

考虑到第 2 王朝继承权的不确定性，我们对第 2 王朝女王知之甚少也就不足为奇了。只有乔塞尔的母亲尼姆阿塔普（Nimaathap）在其丈夫哈塞海姆的墓葬里留下了记录。她可能是被她的儿子埋葬在靠近阿拜多斯贝特·卡拉夫（Beit Khallaf）的一座马斯

塔巴墓（编号 K1）里，同一墓地中较小的马斯塔巴墓很可能属于她出生家庭的成员。对这位女王的狂热崇拜一直延续到第 4 王朝，在萨卡拉的大臣梅滕（Metjen）墓中也有提及。

我们只知道第 2 王朝女王的另外一个事实。历史学家曼涅托受托为托勒密二世记录埃及王权的历史，他告诉我们，在国王毕诺特里斯（Binothris，普遍认为是著名的国王尼涅特捷尔）统治时期，"……决定让女性担任国王"。曼涅托关于这一决定发生的具体时期是否准确，在某种程度上是无关紧要的，但毫无疑问，在古埃及，女性国王是可以被接受的。

第 8 章　金字塔时期的女王：古王国时期

乔塞尔是第 3 王朝的第一位国王，他没有将自己葬在阿拜多斯墓地，而选择在北方埋葬。他那宏伟的石头金字塔建筑群证实了乔塞尔对其广阔领土的绝对控制。金字塔建筑将成为未来 500 年的标志，在一定程度上刺激了经济发展，也使艺术家和工匠们受到巨大的鼓舞。

在第 4 王朝，斯尼夫鲁建造了埃及第一个真正的直边金字塔。他还发展了更完善的金字塔建筑群，并为后世所遵循——面向尼罗河的线性排列的河谷庙通过长长的堤道与葬祭庙和金字塔相连。胡夫在吉萨的金字塔建筑群及其儿子哈夫拉的狮身人面像最能代表这个时期的建筑成就。

金字塔的建造与对太阳神拉的崇拜有密切的联系。这一崇拜在第 5 王朝达到顶峰，当时太阳神庙成为王室丧葬建筑群的组成部分。国王，之前是活着的荷鲁斯，现在又是太阳神拉之子，而他的王后成为拉神的伴侣——女神哈索尔。

这种繁荣不可能持续下去。第 6 王朝到第 8 王朝，官僚机构臃肿，尼罗河水位下降，中央权力机构崩溃，古埃及分裂成一系列独立的带有各自附属社区的城邦。

赫特弗内比提

赫特弗内比提（Hetephernebty），"国王的女儿，看见荷鲁斯的人"，其名字镌刻在大约 100 块边界石碑上，这些石碑用来标志乔塞尔金字塔建筑群的边界。在河对岸的赫利奥波利斯（Heliopolis），乔塞尔供奉太阳神拉的石质神龛碎片上，两个微型女性站在国王巨型坐像的腿旁。两位女性衣着简朴，没有任何形式的王权标志，但碑文上称她们为"国王的女儿因开斯（Intkaes），她看见了荷鲁斯和塞特·赫特弗内比提"。第三个不知名的女性站在国王的腿后，伸出左臂抱住国王的脚踝。我们看到的是王后和两个女儿，还是国王的妻子赫特弗内比提、国王的母亲尼姆阿塔普和国王的女儿因开斯？不管怎样，从大小来看，女王显然与女儿的地位更接近，而与她庞大的、神一般的丈夫差距甚大。在埃及艺术中，大是好的代名词，半神的国王凌驾于凡人之上。家庭雕像往往不太表现国王的儿子们，突出说明了女性对神王的重要性。

乔塞尔的阶梯金字塔建筑群中出土了一件经过修复的雕像基座，其上雕刻有四双脚，两双大、两双小，其中一双可能属于赫特弗内比提女王。对于这些脚的解释，学者们再次出现分歧，一些人认为它们代表国王、母亲尼姆阿塔普、妻子赫特弗内比提和女儿因开斯，另一些人则认为它们代表国王、王后和两个女儿。

我们对赫特弗内比提王后的其他情况知之甚少，甚至无法确定她葬在哪里。乔塞尔打算独自葬在金字塔内，但他为家人也做了一些准备。他的阶梯金字塔最初设计为不寻常的方形石质马斯塔巴墓，其下有墓坑。当这个马斯塔巴（埃及考古学家称之为M1）基本完成时，它才开始在各个方向进行扩建，建造了方形的两级马斯塔巴（M2），然后在东侧再次扩大，形成一个长方形的两级马斯塔巴（M3）。随后又进一步扩建（P1和P2），最终成为六层的阶梯金字塔。

乔塞尔的建筑师伊姆霍特普（Imhotep）在第二阶段的马斯塔巴东侧设计了11个竖井。每一个约有98英尺（约30米）深，下连西向的马斯塔巴/金字塔之下的走廊。前五个走廊供近亲使用，并配备至少六个方解石石棺，可惜在古代已遭盗掘，但在3号竖井尽头走廊里的一处墓室内发现了一个无名年轻女子的髋骨，而5号竖井则发现了镀金的木棺，其内有一具年轻的性别不明的人骨。4—6号竖井通往储藏室，乔塞尔在那里储存了多达4万件的石质器具，其中许多是从萨卡拉年代更早的墓葬中搬过来的。不幸的是，这些竖井由于马斯塔巴的东扩而无法使用，乔塞尔家族仍然在世的成员不得不葬在其他地方。

第 3 王朝之后的国王都是影子般的人物，相关记载很少，王后也缺乏记录。随着第 4 王朝的到来，我们才开始对王室生活的复杂性有了更多的了解。

赫特芙勒斯一世

斯尼夫鲁是公认的对美女颇有眼光的国王。虚构的中王国（Middle Kingdom）维斯特卡纸莎草讲述了他喜欢看年轻性感的宫女在宫殿池苑划船，并让她们穿着他亲自设计的几乎像没穿一样的网眼长袍。因此，相比于更早时期，我们对斯尼夫鲁庞大而又相互关联的家族女性了解得更多。然而，他的生母仍然是个谜。梅瑞塞克一世可能是第 3 王朝末代国王胡尼的王后，但只在开罗王表和斯尼夫鲁美杜姆（Meidum）金字塔建筑群的一处新王国时期的涂鸦对她有所提及，这些记载把她与对她过世儿子的神圣崇拜联系在一起。

在美杜姆金字塔的北面，分布有斯尼夫鲁高级官员的马斯塔巴墓群，包括比斯尼夫鲁更早去世的王子们的墓葬。这些王子和他们本有望成为王后的妻子合葬。"国王的长子"尼弗玛阿特（Nefermaat）和他的妻子阿泰特（Atet）共用一座装饰华丽的马斯塔巴墓（M16）。附近还有赫利奥波利斯的祭司、特遣队的长官、国王的儿子和弓箭手的队长拉霍特普（Rahotep）与妻子奈芙瑞特（Nefret）的合葬墓。其葬祭庙中复原的精美彩绘雕像是开罗博物馆的一大亮点。美杜姆墓地埋葬的是美杜姆金字塔废弃之前去世的王室成员，后来去世的人则葬在达舒尔的马斯塔巴墓地。斯尼夫鲁可能安葬在达舒尔红色金字塔。而要想弄清楚赫特芙勒斯一世（Hetepheres I）的葬地，我们需要先介绍她儿子胡夫的大金字塔建筑群。

一个偶然的发现

在大金字塔的东边，胡夫建造了三座小的带有葬祭庙的王后金字塔。这三座金字塔都没有特别的标记，但是最北边的金字塔（编号 G1-a）可能属于赫特芙勒斯一世——斯尼夫鲁的前任国王胡尼之女、"上帝的女儿"、斯尼夫鲁的王后、胡夫的母亲。和其他两座小金字塔一样，它在古代也遭到盗掘，但该墓的一些随葬品却非常幸运地保存了下来。

1925 年 2 月，来自美国的考古队在她的金字塔北部偶然发现了一个很深很窄的竖井（编号 G700X），竖井隐藏在一层石膏层下，里面填满了石灰石块。经过几周的精细发掘，清理至 88 英尺（约 27 米）深的竖井的底部。在这里，他们发现了一处单独的墓室，里面堆满了随葬品，包括一具密封的石膏石棺、一件密封的雪花石膏卡诺匹克罐（canopic）和大量陶器。他们很可能有幸发现了一座完整的王室墓葬，但石棺要等到墓里的东西清理完后才能打开，而由于工作地点天气炎热，且有潜在的危险，这一工作不可能在两年内完成。随着墓葬清理工作的开展，乔治·赖斯纳（George Reisner）团队发现这座墓很明显不是他们所希望的那样未经扰动。当石棺最终被打开时，里面空空如也，只有卡诺匹克罐里还装着四包保存完好的人体器官。

我们怎么解释这个奇怪的墓室呢？乔治·赖斯纳认为他发掘的是一座二次葬墓。赫特芙勒斯一定是葬在别的地方，也许就在她丈夫的达舒尔金字塔附近。她的墓一定是刚一下葬就遭到盗掘。因此，才将她剩余的随葬品转移到了更安全的吉萨墓地。甚至有可能在胡夫不知情的情况下发生。这样就能解释为何没有发现遗体。盗墓者往往会直奔木乃伊，因为他们知道，木乃伊的绷带下藏着方便带走的、价值极高的护身符。最近马克莱纳（Mark Lehner）指出，这座竖井可能是赫特芙勒斯的原始墓葬，作为上层建筑的金字塔没有建设就废弃了。赫特芙勒斯的大部分陪葬品，包括她的遗体，都埋葬在女王金字塔里，而一些体积较大的随葬品则密封在废弃的竖井底部。

第 4 王朝

赫努森和梅丽特提斯

保存最好的、位于最南端的胡夫王后金字塔（编号 GI-c），根据第 26 王朝的石碑，该金字塔可能属于国王（斯尼夫鲁？）之女赫努森（Henutsen）。赫努森可能是胡夫的王后，也是吉萨第二金字塔建造者哈夫拉的母亲。这座金字塔可能是在另外两座金字塔完成之后的一段时间由她的儿子建造的，并不是胡夫金字塔建筑群最初的一部分。

位于中间的金字塔（编号 GI-b）可能属于国王的妻子"伟大的权杖"梅丽特提斯

（Meritetes），她是斯尼夫鲁的另一个女儿、胡夫的妻子，也是胡夫和哈夫拉之间的国王拉杰德夫拉的母亲。梅丽特提斯也被认为是卡瓦布（Kawab）王子的母亲，卡瓦布死于胡夫之前。

肯特卡

下一任国王拉杰德夫拉受到了不公正的怀疑。几年来，人们认为他是胡夫和一位美丽的金发利比亚王后的儿子，他谋杀了真正的继承人。他的弟弟卡瓦布夺取了王位。然而，没有任何证据显示利比亚王后的存在，无论是不是金发。所谓黄头发是从"赫特芙勒斯二世"（拉杰德夫拉的妹妹，也就是虚构的利比亚女王的女儿）的墓葬图像中"金发"或"红发"推断出来的，实际上是对赫特芙勒斯颜色奇特和精心制作的条纹假发的误读。

拉杰德夫拉放弃了吉萨，而在很古老的阿布·罗阿什（Abu Roash）沙漠墓地建造金字塔。晚期的建筑工人将墓地洗劫一空，把拉杰德夫拉破碎的雕像丢弃在他空空如也的船坑中。在 120 件雕像和雕像碎片中，有他的配偶肯特卡（Khentetka）的雕像。在保存最完好的雕像中，微型女王顺从地跪在她庞大的丈夫腿旁。

赫特芙勒斯二世

有人认为，拉杰德夫拉也可能娶了他的妹妹赫特芙勒斯（赫特芙勒斯二世（Hetepheres II），她是卡瓦布的遗孀。拉杰德夫拉的早逝使她第二次成为寡妇，之后她又可能嫁给了她的第三个兄弟哈夫拉。如果是这样，那就很不寻常了，很少有王室寡妇再婚一次，更别说两次了，她的第二段婚姻可能是为了维持她在宫廷的地位而举行的荣誉仪式。当然赫特芙勒斯二世生育了继承人，从而让她成为国王的母亲，这或许可以解释为什么尽管她与第一任丈夫卡瓦布有一座合葬墓，但最终还是和女儿梅瑞塞克三世一道被埋葬在吉萨一座装饰精美的双墓内。

梅瑞塞克三世

虽然墓葬被冠以"国王的女儿，国王的妻子"的头衔，但所谓国王的女儿只是国王孙女特定场合的引申含义，因为梅瑞塞克（Meresankh）是胡夫的儿子卡瓦布的女儿，是哈夫拉的妻子和侄女。像她的母亲一样，她也没能成为国王的母亲。在墓葬的墙上，我们可以看到母亲和女儿乘坐纸莎草船，参加为女神哈索尔"摩挲纸莎草"（rustling the papyrus）的宗教仪式。年轻的王后穿着一件精致的串珠裙，戴着项链、脚镯，短发上戴着冠冕，站在母亲身后，左臂环抱着母亲的腰部。赫特芙勒斯和女儿一样年轻，穿着朴素的裙子，戴着长长的假发。从同一座墓葬复原的一对雕像显示，赫特芙勒斯拥抱着"她的女儿，她心爱的国王的妻子"。梅瑞塞克依旧为短发造型，或许这是她自己的头发而不是假发，可能是她和她母亲一起出现时地位较低的表现。一间小的附属墓室中发现十件成排的不知名的石质女性雕像（王室女性？），这是一种奇特的布置。

梅瑞塞克的墓葬之所以引人注目，是因为它同时指明了她的死亡日期和葬礼日期。虽然希罗多德告诉我们，防腐的正常时间是 70 天，但梅瑞塞克的殡葬期似乎长达 272 天，也许是因为墓葬还未建成。她的墓葬中出土了一套已知最早的卡诺匹克罐，以及一具 50 多岁、牙齿磨损严重的女性骨架。

哈梅勒涅布蒂一世、帕西涅特和赫克努赫杰特

哈梅勒涅布蒂一世（Khamerernebty Ⅰ）、帕西涅特（Persenet）和赫克努赫杰特（Hekenuhedjet）也可能是哈夫拉的王后，这是根据她们及其孩子的墓葬中一些隐晦的线索而得出的推测。在靠近哈夫拉金字塔的地方发现了一件破碎的头像，因此可以确定它的年代属于哈拉夫统治时期，可能是三个人中的一个。这是首次在女性头上发现作为王权标志的秃鹫头饰。另外，哈夫拉和孟卡拉的金字塔建筑中也发现一些戴着秃鹫头饰的雕像碎片，但由于破损严重而无法辨认。

哈梅勒涅布蒂二世

哈夫拉之后的王位继承有些混乱，但最终王位传给了他的儿子孟卡拉，孟卡拉是哈梅勒涅布蒂一世的儿子。孟卡拉及其在吉萨的金字塔，不知道何故引发了大量的传说。古典作家的作品中提到，国王把他心爱的女儿（他可能强奸了她，也可能没有）埋在了一头巨大的镀金木牛里。有人说他的金字塔实际上是给美丽的妓女洛德菲丝

（Rhodophis）建造的。古典历史学家斯特拉博（Strabo）把洛德菲丝的主题发展成灰姑娘式的故事：老鹰叼走了洛德菲丝的凉鞋，恰巧掉在了孟卡拉的腿上，国王被这双凉鞋的香味所吸引，下令寻找它的主人，最终洛德菲丝成了他的妻子。

孟卡拉至少建造了两座王后金字塔（GⅢ-a 和 GⅢ-b），在其主金字塔南边的第三座小金字塔（GⅢ-c）应该是他自己的卫星金字塔。GⅢ-b 内发现一具无名年轻女子的遗体。另外有一个没有葬在王后金字塔里的名为雷凯特拉（Rekhetre）的女性，其墓葬中发现国王的女儿和国王的妻子的头衔，但没有发现父亲或丈夫的名字，尽管有人认为可能与孟卡拉有关，但只能是猜测。

最东部的小金字塔（GⅢ-a）保存最完整，可能属于孟卡拉的配偶和姐妹哈梅勒涅布蒂二世（KhamerernebtyⅡ，哈梅勒涅布蒂一世之女）。然而，我们在哈梅勒涅布蒂一世墓中发现了哈梅勒涅布蒂二世两倍大的雕像，这是古王国时期唯一的大型王后雕像，母亲和女儿很可能共用了一座墓葬。这座保存不佳的雕像缺乏任何王室标志。但雕像令人印象深刻的体量及其坐在王位上的事实，都证明了她的王室地位。

孟卡拉的两座金字塔神庙中出土了一系列前所未有的石雕像和石质建筑，以及一些部分完成的作品。这里发现有国王单独的雕像、国王与不知名的配偶的双人雕像，以及国王站在哈索尔和来自哈索尔崇拜地区的某一个神灵的三人雕像。哈索尔在这一丧葬背景中可能表示女性和王室重生。孟卡拉最著名的作品是乔治·赖斯纳于1910年在河谷庙中发现的灰石双人雕像，现藏于波士顿。孟卡拉身穿短裙，头戴头巾，蓄着假胡须，但没有戴蛇形标志头饰。他站在一位没有头饰的女性身边，这说明这位女性是个凡人，而她的深情姿势表明她是一位王后。尽管没有任何证据，但根据惯例，她被认定为哈梅勒涅布蒂二世。女王穿着紧身裙，长长的、光滑的三瓣假发从前额向后梳，露出了下面的自然头发。她没有与众不同的王室标志，也没有珠宝首饰。她的左臂伸出，挨着丈夫的左臂，而她的右臂则环绕着丈夫。她的脸圆圆的，很年轻，和她丈夫的其他雕像中哈索尔的脸很像。王是半神的化身——英俊、强壮、严肃但露出淡淡的微笑。他那尊贵的王后几乎和她丈夫一样高大。

布尼芙

孟卡拉的儿子舍普塞斯卡夫（Shepseskaf）继承了他的王位。舍普塞斯卡夫放弃了费时费力的金字塔建筑，而是建了一座石质马斯塔巴墓，也就是今天的法老的长凳，位于萨卡拉墓地南部。舍普塞斯卡夫墓周边没有陪葬的王后和高级官员墓，布尼芙（Bunefer）可能是舍普塞斯卡夫的女儿或王后，但葬在吉萨。

第 5 王朝

肯特卡维斯一世

舍普塞斯卡夫墓可能启发了第 5 王朝王后肯特卡维斯（Khentkawes）在吉萨不同寻常的马斯塔巴墓。她的墓（LG100）建在自然露头的岩石上，看上去像王室金字塔和非王室马斯塔巴墓的混合，规模达到惊人的 149 英尺 × 150 英尺 × 57 英尺（约 45.5 米 × 45.7 米 × 17.4 米），包括葬祭庙、前厅、墓室和储藏室，甚至有小型"金字塔村"，供那些维持其崇拜的祭司居住。这座墓葬于 1931 年至 1932 年由塞利姆·哈桑（Selim Hassan）发掘，出土了雪花石膏石棺的碎片，但没有其他埋葬迹象。

显然，肯特卡维斯是一个相当重要的女人，但她到底是谁呢？她的名字刻在通往葬祭庙的花岗岩门道上，其中包括一个重要而含糊的短语，可以翻译为　　"两位上、下埃及之王的母亲"，也可以翻译为"上、下埃及之王和上、下埃及之王的母亲"。埃及学家最初接受第一种翻译，认为肯特卡维斯是两位国王的母亲，即萨胡拉和尼斐利尔卡拉，第 5 王朝的第二个和第三个国王。然而，在肯特卡维斯墓葬的门柱雕刻中，显示她坐在王座上，戴着假胡子和蛇形头饰，手持权杖。蛇形头饰将她与王权尤其是蛇女神瓦吉特（Wadjyt）联系起来，这种头饰直到中王国才成为标准的女王服饰。肯特卡维斯的名字保存不佳，没有写在卡吐什（椭圆形的王名圈，从第 3 王朝开始已经取代了塞瑞克，成为高贵的王名标志）内，但如此张扬的王权标记表明，肯特卡维斯就像之前的美丽奈斯一样担任过临时的埃及统治者，可能为一个或多个儿子摄政，不幸的是，这些儿子的名字没有被记录下来。而她也得以和其他国王一样拥有一座规模宏大的金字塔。

韦斯特卡纸莎草

韦斯特卡纸莎草通过讲述一个神圣诞生的故事，向我们展示了关于肯特卡维斯摄政的另一种版本。这个故事开始于第 4 王朝。国王胡夫召唤了一位年长的智者杰蒂（Djedi），令他用魔法来取悦自己。杰蒂让一些被斩首的动物起死回生，成功把国王逗乐，随后开始预言拉神的祭司之妻拉维杰德特（Reweddjedet）即将出生的三个儿子。故事转到未来，拉维杰德特开始了痛苦的分娩。她未出生的孩子的父亲拉看到之后，派出女神伊西斯、奈弗提斯（Nephthys）、梅斯克奈特（Meskhenet）和赫克特（Heket）来帮助她。在造物之神克努姆（Khnum）的护送下，她们乔装成跳舞的女孩来到了她家。

当拉维杰德特分娩的时候，伊西斯和梅斯克奈特分别站在她身前和身后，赫克特则施展魔法加快分娩的速度。伊西斯迎接了第一个宝宝，用乌塞尔卡夫这个双关语作为名字："在你母亲的子宫里不要那么强壮，你的名字意味着强壮。"婴儿洗干净，并剪断脐带后，被放在一个垫子上。随后梅斯克奈特预言了他的命运："一个统治所有土地的国王。"而克努姆给了他健康作为礼物。

另外两个未来国王出生时，同样的事情也发生了，伊西斯给婴儿分别取名萨胡拉（"不要在你母亲的子宫乱踢，你的名字的意思是爱踢的人"）和尼斐利尔卡拉·卡凯（"不要使你母亲的子宫变黑，你的名字的意思是黑暗"）。

这个故事显然不是第 5 王朝初期历史事件的准确描述，这只是一个王室的宣传，旨在强调乌塞尔卡夫、萨胡拉和尼斐利尔卡拉作为太阳神拉之子的神圣出身。这种形式在新王国也有出现，那时哈特谢普苏特、阿蒙霍特普三世和拉美西斯二世声称自己是阿蒙神之子。这种与上帝的密切联系使他们的母亲拉杰蒂特——可能是肯特卡维斯的误读——处于一个不同寻常的地位，所有国王的母亲都喜欢这种状态。她是一个凡人，但和上帝有着最亲密的关系。

根据传统的历史文献，我们知道舍普赛斯卡夫的继承者是乌塞尔卡夫。乌塞尔卡夫的出身不清楚，不过我们可以推测他是扩大的王室家族的成员，可能是拉杰德夫拉的孙子或孟卡拉的儿子。乌塞尔卡夫似乎有可能与肯特卡维斯一世结婚，但这一推测没有明确证据。乌塞尔卡夫只统治了 8 年，因此，他的儿子和继承人萨胡拉完全有可能需要母亲来协助统治。乌塞尔卡夫在他自己的萨卡拉金字塔旁建起了最大的王后金字塔建筑之一。如今这里已成一片废墟，主人的名字无人知晓。它可能确实是为肯特卡维斯而建，不过没有启用过。

尼芙拉塔涅布提

萨胡拉的王后尼芙拉塔涅布提（Neferethanebty）和他们的孩子的名字在萨胡拉金字塔的葬祭庙中有记录，但是我们对她了解很少。

肯特卡维斯二世

萨胡拉的继任者尼斐利尔卡拉不是他的儿子。记录他们之间关系的资料语焉不详，维斯特卡纸莎草中说他们可能是兄弟。尼斐利尔卡拉登上王位后，开始在他的阿布西尔金字塔南边为他的王后肯特卡维斯二世（Khentkawes Ⅱ）建造金字塔。10 年后，尼斐利尔卡拉英年早逝，王后金字塔的修建被迫中止。当重新开始修建时，石匠们从尼斐利尔卡拉未完工的建筑群中"借用"了一些石块。肯特卡维斯的金字塔曾经有 55 英尺（约 17 米）高。现在，它是一个低矮、形状不规则的土堆。然而，在墓室里发现了一些粉红色的花岗岩石棺碎片和木乃伊绷带的残片，我们有理由相信这里是用来埋葬王后的。同时期的纸莎草纸告诉我们，肯特卡维斯的葬祭庙中至少有 16 尊王后的雕像。这些现在都已不存，然而，我们仍然可以看到肯特卡维斯的名字以浅浮雕的形式雕刻在神庙的墙壁和立柱上。在这些明确表现宗教和家庭生活的图像中，肯特卡维斯戴着蛇形头饰，并再次隐约出现"两位上、下埃及之王的母亲"或"上、下埃及之王和上、下埃及之王的母亲"的头衔。起初，这很自然地引起了埃及学家们的极大困惑，他们想当然地认为肯特卡维斯一世和肯特卡维斯二世是同一位女士。今天，我们认识到她们是有着相同名字的不同女性，都曾面临过王朝危机。肯特卡维斯一世至少代表过一个初生婴儿统治埃及。肯特卡维斯二世是代表过一个儿子统治，或仅仅只是两个国王（尼斐勒夫拉和纽塞拉）的母亲，对于这个问题还没有明确的答案。

雷普提努布、梅瑞塞克四世、奈贝特和克努特：第 5 王朝最后的女王

第 5 王朝最后几位女王的名单还不完整。我们发现过一些王后的名字如纽塞拉的王后雷普提努布（Reptynub）、孟考霍尔的王后梅瑞塞克四世（Meresankh Ⅳ）、乌那斯的王后奈贝特（Nebet）和克努特（Khenut），以及不少王室子女的名字，但有些国王（尼斐勒夫拉、舍普塞斯卡拉、杰德卡拉）的王后，还没找到其准确的姓名。纪念碑的大小是社会身份的标志，我们推测杰德卡拉那位不知名的王后一定具有相当高的地位。第 5 王朝的最后一位国王乌那斯在萨卡拉建造了金字塔，在他的金字塔文中首次出现了咒语。他的儿子和（或）女婿特悌继承了王位，特悌是塞舍舍特（Sesheshet）王后的儿子，他的女儿伊普特（Iput）的丈夫。

第 6 王朝

伊普特一世

特悌在萨卡拉北墓地建造了两座王后金字塔。伊普特一世（Iput Ⅰ）的墓葬最开始是传统的马斯塔巴墓，但在她死后，她的儿子佩皮一世（Pepi Ⅰ）将之改造成没有入口的小型陡坡状金字塔。伊普特一世可能在佩皮一世统治的最初几年里摄政，所以佩皮可能认为对母亲要有一种特殊的责任。伊普特的墓葬在古代就已被盗掘一空，但人们在石灰岩石棺内的雪松木棺里发现了她的中年女性遗骨和少量黄金饰品。科普托斯（Coptos）的一件断石块上刻画了更年轻的伊特普形象，她站在正给敏神献祭的佩皮一世背后。伊特普戴着秃鹫头饰，拿着权杖和安卡（ankh）——神灵和王室专属的生命的象征，表明她可能已经去世了。

库伊特

库伊特（Khuit）的墓葬从一开始就设计成金字塔。由于金字塔总是比马斯塔巴墓显得地位更高，至少在丈夫特悌生前她似乎是更重要的女王。库伊特可能是特悌的继任者乌塞尔卡拉（Userkare）的母亲，乌塞尔卡拉短命而名气不大，出身不明，墓葬也没找到。曼涅托告诉我们，特悌是被卫队或太监暗杀的（翻译各不相同，但没有证据表

明古埃及国王有太监侍奉），这一令人震惊的事件未经证实，但让第 6 王朝显得更加混乱。

从"维瑞特·亚姆特斯"到尼杰芙特：佩皮一世的众多王后

我们关于佩皮一世的王后"维瑞特·亚姆特斯"（Were Yamtes）的认识，仅来自阿拜多斯大臣维尼（Weni）的葬祭庙，在他的长篇自传中穿插了一段简短的记述，里面说道：

"当后宫有人秘密起诉维瑞特·亚姆特斯女王时，陛下让我一个人听。没有首席法官或维西尔，也没有官员，只有我一个人……从来没有一个人像我这样，听到过后宫的秘密，但是国王陛下让我听到了，因为我在国王陛下心中的地位，超过了任何官员……"

不幸的是，故事到此结束，尽管维尼的自传还在继续，但没有说明女王到底犯了什么罪行、受到了什么惩罚。我们甚至不知道她的真名，为了维护王室的尊严，维尼给出的名字维瑞特·亚姆特斯或大权杖（Great of Sceptre）只是一个别名。毫无疑问，国王想让这桩丑事成为秘密。

结合特悌被暗杀的事件（处于特悌统治时期的维尼没有提及这件事情），当时的后宫无疑出现了严重的麻烦。国王的地位因为一系列事件而被严重削弱：日益严重的干旱导致的经济和农业问题，不断臃肿低效的官僚机构及越来越强大的地方贵族所引发的政治动荡。玛阿特也许没有舍弃埃及，但是离开了孟菲斯，人们对国王的信心开始动摇。

内乱的威胁也许可以解释为什么佩皮一世要通过一系列前所未有的政治婚姻将王室家族与地方官员联系在一起，这些地方官员的财富不断增长，而王室的财富不断缩水。我们无法明确佩皮一世究竟结了多少次婚，但在其萨卡拉南部的金字塔边上至少有六座王后金字塔，金字塔是给最重要的王后和国王的母亲修建的，我们可以推测他结过很多次婚，甚至可能从每个诺姆（nome，州、省）挑选王后。这些金字塔属于以下王后：尼布维尼特（Nebwenet）、因尼尼克－因提（Inenek-Inti）、梅丽特提斯（Meritetes）、安赫内斯佩皮二世（Ankhnespepi Ⅱ）和安赫内斯佩皮三世（Ankhnespepi Ⅲ）和一位不知名的"国王的大女儿"。在一件破碎的浮雕中还提到了另一个可能的王后尼杰芙特（Nedjeftet）。

安赫内斯佩皮一世

佩皮一世在他统治的最后几年娶了两姐妹，她们都是阿拜多斯的大贵族库伊（Khui）的女儿，库伊的儿子德霍（Djau）是内定的维西尔。姐妹俩的名字都叫安赫内斯佩皮（"她为国王佩皮而生"），可能是在结婚的时候才取的名。

两姐妹都给老国王生了一个儿子。长子麦然拉一世（Merenre Ⅰ）是姐姐安赫内斯佩皮一世所生，在位时间不超过 9 年，王位就传给了他同父异母的弟弟佩皮二世，也就是安赫内斯佩皮二世的儿子，国王的母亲这一头衔也由姐姐传给了妹妹。曼涅托告诉我们，佩皮二世在 6 岁时继承了王位，在位时间长达 94 年，这是一个非凡的成就，在那个社会里，大多数人都不太可能活过 50 岁。也许曼涅托混淆了 64 和 94，但即便如此，佩皮二世还是统治了很长时间。

安赫内斯佩皮二世

没有任何资料明确指出安赫内斯佩皮二世在佩皮二世年幼时摄政。然而，一尊如今收藏于布鲁克林博物馆的雪花石膏雕像，在很大程度上说明了他们之间的亲密关系。王后是"上、下埃及之王的母亲，神的女儿，克努姆神喜欢的人，受人尊敬的人"，她身着紧身裙，戴着三辫式假发和秃鹫头饰（秃鹫的头已破损）。她和佩皮二世一起坐在王座上。佩皮二世显然还只是孩子，但已是成年人的体形，穿着短裙，戴着头巾，横坐在安赫内斯佩皮二世的大腿上，左手握着她的右手。而安赫内斯佩皮二世则向前凝视着佩皮二世，并用她的左臂抱住他，把右臂舒服地放在他的膝盖上。这是为数不多的展示温柔场景的王室雕塑，也是为数不多的国王体形比作为凡人的王后小而显得不那么重要的雕塑。显然，安赫内斯佩皮二世是一个极其重要的人物。也许这实际上是她的雕像，而微型的王的存在只是为了强调她在王室中的地位，不过这座雕像更可能是为了表现神圣母亲伊西斯和她年幼的儿子荷鲁斯这一主题。

从奈斯到安赫内斯佩皮四世

佩皮二世的三个主要女王都葬在位于萨卡拉的佩皮二世金字塔边上的小金字塔里。其中最大的一个属于王后奈斯（Neith），她是佩皮一世和安赫内斯佩皮一世的女儿，因此也是佩皮二世同父异母的姐妹和表姐妹。在她神庙的墙壁上，我们可以看到奈斯戴着有蛇形标志的秃鹫王冠，拿着纸莎草权杖。

维德布滕（Wedjebten）也是佩皮一世的女儿，其较小的金字塔建筑群有两面围墙围护。伊普特二世（Iput Ⅱ）金字塔群如今几乎完全消失，但仍有足够的遗存让我们知道她的头衔，她从来都不是国王的母亲，也许她的儿子在没有继承王位之前就去世了。伊普特二世的金字塔建筑群被一座第一中间期的墓葬所打破。安赫内斯佩皮三世（Ankhnespepi Ⅲ）是佩皮一世的儿子麦然拉的女儿，她被葬在佩皮一世金字塔附近的小金字塔里，她的石棺是用一块巨大的石块雕凿出来的。

安赫内斯佩皮四世（Ankhnespepi Ⅳ）是佩皮二世的另一位妻子，她的儿子是微不足道的国王尼斐尔卡拉·内比（Neferkare Nebi），是第 8 王朝的一位国王。她的棺盖是在伊普特二世金字塔建筑群西部的储藏室里找到的，上面刻着一段王室历史，这段记录尚未发表，据报道，其内容是关于第 6 王朝的动荡历史，包括特悌统治的突然结束。

尼托克丽丝

佩皮二世比他的许多子孙都活得长，他的死给王朝的继承带来了混乱。可能是奈斯王后的儿子麦然拉二世短暂继承了佩皮二世的王位，随后是他的妹妹尼托克丽丝登上王位。曼涅托说她是"那个时代最高贵、最可爱的女人，皮肤白皙，脸颊红润"。

女性登上埃及的王位，表明情况无疑已经变得很糟糕了。在正常情况下，女性统治是暂时的——母亲在儿子年幼时摄政，到了他能够独自统治的年龄就自动退出。然而，在这一案例中，没有证据表明尼托克丽丝有一个儿子，人民似乎接受了她作为女性国王来延续王系。希罗多德讲述了她即位时颇具戏剧性的故事：

"……（尼托克丽丝）继承了她兄弟的王位。他曾是埃及的国王，但他的子民处死了他，然后把尼托克丽丝推上王位。尼托克丽丝决定为哥哥复仇，她设计了一个狡猾的计划，通过这个计划，她消灭了大量的埃及人。她建造了一个宽敞的地下室，假装为它举行开幕式，举办了一个宴会，邀请了所有她认识的对她哥哥的死负有责任的人。当他们正在享用美食的时候，她让河水通过一个巨大的秘密管道流入地下室淹死了他们。"

根据希罗多德记载，勇敢的女王最后自杀了。尽管这个故事很有趣，但不太可能是真的。我们深切怀疑希罗多德混淆了两个事件——特悌的被杀（如果真的发生）和一个强大的女王的统治。不幸这个杰出的女士没有留下纪念碑和墓葬，尽管第 19 王朝的都灵王表记载内塔卡尔蒂（Neitaqerti）有短暂的两年一个月零一天的统治时间，但许多埃及学家怀疑她是否真的存在，认为这实际上可能是一位男性国王名字的误记。

附录一：古埃及年表

涅伽达一期文化

1 段（ⅠA）公元前 3900—前 3800 年

2 段（ⅠB）公元前 3800—前 3700 年

3 段（ⅠC）公元前 3700—前 3600 年

涅伽达二期文化

1 段（ⅡA）公元前 3600—前 3500 年

2 段（ⅡB）公元前 3600—前 3400 年

3 段（ⅡC）公元前 3400—前 3300 年　希拉康坡里斯画墓 M100

4 段（ⅡD1 及ⅡD2）公元前 3300—前 3200 年

涅伽达三期文化

1 段（ⅢA1 和ⅢA2）公元前 3200—前 3100 年　阿拜多斯 U—J 墓属ⅢA2
期，相当于 0 王朝

2 段（ⅢB）公元前 3100—前 3000 年　相当于 0 王朝

3 段（ⅢC1、ⅢC2 及ⅢD）公元前 3000—前 2850 年　相当于早王朝时期
的第 1 王朝，下限或可达第 2 王朝。

0 王朝　公元前 3200—前 3000 年

伊赖霍尔　Iry-Hor

A 王　King A

B 王　King B

蝎子王　Scorpion I

荷鲁斯鳄鱼　Crocodile

卡　Ka

早王国时期　公元前 3000—前 2700 年

第 1 王朝　公元前 3000—前 2850 年

那尔迈　Narmer

阿哈　Aha

哲尔　Djer

杰特　Djet

美丽奈斯女王　Queen Merneith

登　Den

阿涅德吉布　Anedjib

塞麦尔凯特　Semerkhet

卡阿　Qaa

第 2 王朝　公元前 2850—前 2700 年

霍特普赛海姆威　Hetepsekhemwy

拉尼布　Nebra/Raneb

尼涅特捷尔　Nynetjer

温尼格　　Weneg

塞尼德　　Sened

努布涅弗拉　　Nubnefre

帕里布森 / 塞克赫米布　　Peribsen / Sekhemib

哈塞海姆　　Khasekhem / Khasekhemwy

古王国时期　公元前 2700—前 2200 年

第 3 王朝　公元前 2700—前 2600 年

乔赛尔　　Djoser / Netjerikhet

塞凯姆凯特　　Sekhemkhet

卡阿巴　　Khaba

萨那卡特　　Sanakht / Nebka

胡尼　　Huni / Qahedjet

第 4 王朝　公元前 2600—前 2500 年

斯尼夫鲁　　Sneferu

胡夫　　Khufu

拉杰德夫拉　　Djedefra

哈夫拉　　Khafra

孟卡拉　　Menkaura

舍普塞斯卡夫　　Shepseskaf

第 5 王朝　公元前 2500—前 2350 年

乌塞尔卡夫　　Userkaf

萨胡拉　　Sahura

尼斐利尔卡拉·卡凯　　Neferirkara Kakai

舍普赛斯卡拉·伊塞　Shepsekara Izi

尼斐勒夫拉　Neferefra

纽塞拉　Nyuserre Ini

孟考霍尔　Menkauhor

杰德卡拉·伊塞西　Djedkara Isesi

乌那斯　Unas

第 6 王朝　公元前 2350—前 2200 年

特悌　Teti

乌塞尔卡拉　Userkara

佩皮一世　Pepi Ⅰ

麦然拉　Merenra

佩皮二世　Pepi Ⅱ

麦然拉二世　Merenra Ⅱ

尼托克丽丝女王　Nitocris

第 7、第 8 王朝　公元前 2200—前 2125 年

杰德卡拉　Djedkare

尼特里卡拉　Netrikare

尼斐尔卡霍尔　Neferkahor

尼斐尔卡拉·内比　Neferkare Nebi

第一中间期　公元前 2125—前 2010 年

第 9、第 10 王朝　公元前 2125—前 1975 年

凯提一世　Khety Ⅰ

凯提二世　Khety Ⅱ

梅里卡拉　Merikara

伊提　Ity

第 11 王朝　公元前 2080—前 2010 年

孟图霍特普一世　Mentuhotep Ⅰ

因提夫一世　Intef Ⅰ

因提夫二世　Intef Ⅱ

因提夫三世　Intef Ⅲ

中王国时期　公元前 2010—前 1630 年

统一后的第 11 王朝　公元前 2010—前 1938 年

孟图霍特普二世　Mentuhotep Ⅱ

孟图霍特普三世　Mentuhotep Ⅲ

孟图霍特普四世　Mentuhotep Ⅳ

第 12 王朝　公元前 1938—前 1755 年

阿蒙涅姆赫特一世　Amenemhat Ⅰ

辛努塞尔特一世　Senusret Ⅰ

阿蒙涅姆赫特二世　Amenemhat Ⅱ

辛努塞尔特二世　Senusret Ⅱ

辛努塞尔特三世　Senusret Ⅲ

阿蒙涅姆赫特三世　Amenemhat Ⅲ

索贝克涅芙鲁女王　Sobekneferu

第 13 王朝　公元前 1755—前 1630 年

索贝克霍特普一世　Sobekhotep Ⅰ

阿蒙涅姆赫特五世　Amenemhat Ⅴ

克茂　Qemau

塞霍奈杰里特夫　Sihornedjeritef

索贝克霍特普二世　Sobekhotep Ⅱ

阿维布拉霍尔　Awibra Hor

阿蒙涅姆赫特七世　Amenemhat Ⅶ

乌伽夫　Ugaf

肯杰尔　Khendjer

索贝克霍特普三世　Sobekhotep Ⅲ

尼斐尔霍特普一世　Neferhotep Ⅰ

塞哈索尔　Sihathor

索贝克霍特普四世　Sobekhotep Ⅳ

索贝克霍特普五世　Sobekhotep Ⅴ

麦尔尼斐拉 阿伊一世　Merneferra Ay Ⅰ

孟图伊姆萨夫　Montuemsaf

狄度摩斯　Dedumose

尼斐尔霍特普二世　Neferhotep Ⅱ

第二中间期　公元前 1630—1539 年

第 14 王朝

第 15 王朝　公元前 1630—前 1520 年

萨里蒂斯　Salitis

舍西　Sheshi

基安　Khyan

阿佩皮　Apepi

卡穆迪　Khamudi

第 16 王朝

第 17 王朝　公元前 1630—前 1539 年

因提夫五世　Intef Ⅴ

因提夫六世　Intef Ⅵ

因提夫七世　Intef Ⅶ

索贝克姆萨夫　Sobekmsaf Ⅱ

塔奥一世　Senakhtenra Taa Ⅰ

塔奥二世　Seqenenra Taa Ⅱ

卡摩斯　Kamose

新王国时期　公元前 1539—前 1069 年

第 18 王朝　公元前 1539—前 1292 年

阿赫摩斯　Ahmose

阿蒙霍特普一世　Amenhotep Ⅰ

图特摩斯一世　Thutmose Ⅰ

图特摩斯二世　Thutmose Ⅱ

图特摩斯三世　Thutmose Ⅲ

哈特舍普苏特　Hatschepsut

阿蒙霍特普二世　Amenhotep Ⅱ

图特摩斯四世　Thutmose Ⅳ

阿蒙霍特普三世　Amenhotep Ⅲ

阿蒙霍特普四世（埃赫那吞）　Amenhotep IV（Akhenaten）

斯蒙卡拉　Smenkhkara

图坦卡蒙　Tutankhamun

阿伊　Ay

霍伦海布　Horemheb

第 19 王朝　公元前 1292—前 1190 年

拉美西斯一世　Ramesses I

塞提一世　Seti I

拉美西斯二世　Ramesses II

梅瑞普塔　Merenptah

塞提二世　Seti II

阿蒙麦西斯　Amenmesse

塞普塔　Siptah

塔沃斯瑞特　Tawasret

第 20 王朝　公元前 1190—前 1069 年

赛特纳克特　Sethnakht

拉美西斯三世　Ramesses III

拉美西斯四世　Ramesses IV

拉美西斯五世　Ramesses V

拉美西斯六世　Ramesses VI

拉美西斯七世　Ramesses VII

拉美西斯八世　Ramesses VIII

拉美西斯九世　Ramesses IX

拉美西斯十世　Ramesses X

拉美西斯十一世　Ramesses XI

第三中间期　公元前 1069—前 664 年

第 21—25 王朝

后埃及时期　公元前 664—前 332 年

第 26—31 王朝

希腊统治时期　公元前 332—前 30 年
罗马统治时期　公元前 30—公元 642 年

参考文献

[1] 东北师范大学世界古典文明史研究所 . 世界诸古代文明年代学研究的历史与现状 [M]. 西安：世界图书出版公司，1999。

[2] 刘文鹏 . 埃及考古学 [M]，北京：生活·读书·新知三联书店，2008。

[3] 王海利 . 法老与学者——埃及学的历史 [M]. 北京：北京师范大学出版社，2010。

[4] 中国社会科学院考古研究所 . 埃及考古专题十三讲 [M]. 北京：中国社会科学出版社，2017。

[5] IANS. The Oxford History of Ancient Egypt[M]. Oxford University Press, 2002.

[6] Tob A.H. WILKINSON. Early Dynastic Egypt[M]. Routledge, 1999.

[7] Tob A.H. WILKINSON. The Egyptian World[M]. Routledge, 2007.

附录二：古埃及早期的国王与王后对照表

早王国时期　公元前 3000—前 2700 年

第 1 王朝　国王和王后对照表（公元前 3000—前 2850 年）

国王	王后
那尔迈（Narmer）	奈斯霍特普（Neithhotep）/ 涅托泰普（Nithotep）
阿哈（Aha）	贝内利布（Benerib）/（Berner–Ib） 肯萨普（Khenthap）
哲尔（Djer）	赫尔奈斯（Herneith）
杰特（Djet）	
美丽奈斯女王（Queen Merneith（哲尔或杰特的王后））	
登（Den）	塞舍梅特卡（Seshemetka） 塞马特（Semat） 塞勒索（Serethor） 一位不知名的王后
阿涅德吉布（Anedjib）	
塞麦尔凯特（Semerkhet）	巴蒂瑞特斯（Batirytes）（母亲）
卡阿（Qaa）	

第 2 王朝　国王和王后对照表（公元前 2850—前 2700 年）

国王	王后
霍特普赛海姆威（Hetepsekhemwy）	
拉尼布（Nebra）/（Raneb）	
尼涅特捷尔（Nynetjer）	
温尼格（Weneg）	
塞尼德（Sened）	
努布涅弗拉（Nubnefre）	
帕里布森 / 塞克赫米布（Peribsen）/（Sekhemib）	
哈塞海姆（Khasekhem）/（Khasekhemwy）	尼姆阿塔普（Nimaathap）

古王国时期　公元前 2700—前 2200 年

第 3 王朝　国王和王后对照表（公元前 2700—前 2600 年）

国王	王后
乔赛尔（Djoser）/（Netjerikhet）	赫特弗内比提（Hetephernebty）
塞凯姆凯特（Sekhemkhet）	
卡阿巴（Khaba）	
萨那卡特（Sanakht）/（Nebka）	
胡尼（Huni）/（Qahedjet）	梅瑞塞克（Meresankh）

第 4 王朝　国王和王后对照表（公元前 2600—前 2500 年）

国王	王后
斯尼夫鲁（Sneferu）	赫特芙勒斯一世（Hetepheres Ⅰ）
胡夫（Khufu）	赫努森（Henutsen） 梅丽特提斯（Meritetes）
拉杰德夫拉（Djedefra）	肯特卡（Khentetka） 赫特芙勒斯二世（Hetepheres Ⅱ）
哈夫拉（Khafra）	赫特芙勒斯二世（Hetepheres Ⅱ） 梅瑞塞克三世（Meresankh Ⅲ） 哈梅勒涅布蒂一世（Khamerernebty Ⅰ） 帕西涅特（Persenet） 赫克努赫杰特（Hekenuhedjet）
孟卡拉（Menkaura）	哈梅勒涅布蒂二世（Khamerernebty Ⅱ） 雷凯特拉（Rekhetre） 洛德菲丝（Rhodophis）
舍普塞斯卡夫（Shepseskaf）	布尼芙（Bunefer）（王后或女儿）

第 5 王朝　国王和王后对照表（公元前 2500—前 2350 年）

国王	王后
乌塞尔卡夫（Userkaf）	尼芙尔赫特普（Neferhetepes） 肯特卡维斯（Khentkawes）
萨胡拉（Sahura）	尼芙拉塔涅布提（Neferethanebty）
尼斐利尔卡拉·卡凯（Neferirkara Kakai）	肯特卡维斯二世（Khentkawes Ⅱ）
舍普赛斯卡拉·伊塞（Shepsekara Izi）	
尼斐勒夫拉（Neferefra）	
纽塞拉（Nyuserre Ini）	雷普提努布（Reptynub）

续表

国王	王后
孟考霍尔（Menkauhor）	梅瑞塞克四世（Meresankh Ⅳ）
杰德卡拉·伊塞西（Djedkara Isesi）	
乌那斯（Unas）	奈贝特（Nebet） 克努特（Khenut）

第6王朝　国王和王后对照表（公元前2350—前2200年）

国王	王后
特悌（Teti）	母亲：塞舍舍特（Sesheshet） 伊普特一世（Iput I） 库伊特（Khuit)或卡维特(Kawit）
乌塞尔卡拉（Userkara）	
佩皮一世（Pepi Ⅰ）	维瑞特·亚姆特斯（Weret-Yamtes） 或维瑞特·伊姆特斯（Weret Imtes） 尼布维尼特（Nebwenet） 因尼尼克－因提（Inenek-Inti） 梅丽特提斯（Meritetes） 安赫内斯佩皮一世（Ankhnespepi Ⅰ） 或安赫尼斯梅里拉（Ankhnesmerire） 安赫内斯佩皮二世（Ankhnespepi Ⅱ） 尼斯梅里拉（Ankhnesmerire）
麦然拉（Merenra）	
佩皮二世（Pepi Ⅱ）	奈斯（Neith） 维德布滕（Wedjebten） 伊普特二世（Iput Ⅱ）/伊普维特（Ipwet） 王后安赫内斯佩皮三世（Ankhnespepi Ⅲ） 安赫内斯佩皮四世（Ankhnespepi Ⅳ）
尼托克丽丝（Nitocris）	

第7、第8王朝　国王和王后对照表（公元前2200—前2125年）

国王	王后
杰德卡拉（Djedkare）	
尼特里卡拉（Netrikare）	
尼斐尔卡霍尔（Neferkahor）	
尼斐尔卡拉·内比（Neferkare Nebi）	安赫内斯佩皮四世（Ankhnespepi Ⅳ）（母亲）

译后记

自参加良渚古城遗址的考古工作后，逐渐萌生了了解与良渚同时代和同等发展阶段古文明的浓厚兴趣。在购买了大量中文著作之后，发现如今可以购买到的相关著作多为通识性的、概论性的文本，翻译的国外著作也多为通俗读物，对深入了解古文明的一些内涵和细节方面作用有限。遂产生了直接阅读外文文献的想法，古埃及作为同时代物质文化发展的巅峰代表，成为首要的目标。本书的翻译最初是一种自发的兴趣，因为某种偶然的因缘，认识了修读古埃及研究方向的于振洋。他提出了翻译相关书籍以飨读者的倡议，得到了我们的积极响应。

《古埃及法老编年史》（Chronicle of the Pharaohs）这本书成为首选。该书既有一定的学术水平，难易程度又比较适中，比较适合我们这些入门者。由陈明辉组织了夏勇、朱叶菲、武欣、姬翔、宋姝、王正、梁颖琪等人，形成了翻译团队，每周分工一次，工作日完成各自分工任务，每周五晚统一交给陈明辉、梁颖琪统稿。经过若干时间，完成了《古埃及法老编年史》（早王朝至古王国时期）一书的翻译。翻译后的部分内容在"辉煌古埃及""良渚古城考古"等微信公众号上发布。

"世界古文明译丛"翻译工作的开展得到了浙江省委宣传部"良渚文化宣传经费"、杭州良渚遗址管理区管理委员会、良渚博物院的支持。

该书的出版和完善也提上日程。陈明辉独立完成了《古埃及王后编年史》（Chronicle of the Queens of Egypt）（早王朝至古王国时期）一书的翻译，并对之前的译稿进行了最后的统稿。两部翻译稿整合为最终的《复活的权杖：古埃及早期的国王与王后》一书。两本英文原著均未全部翻译，仅翻译了与良渚同时代的早王朝至古王国时期的相关内容。

"世界古文明译丛"将会是一个长期的项目，目前浙江省委宣传部资助 21 本，另良渚博物院和杭州良渚遗址管理区管理委员会分别资助 3 本，已有 27 本著作正在推进之中。

由于学力有限，本书的翻译难免会有错漏，敬请读者谅解。

陈明辉

2021 年 10 月 15 日